年鉴

2014 北京市国有文化资产监督管理年鉴

BEIJING'S STATE-OWNED CULTURAL ASSETS SUPERVISION AND ADMINISTRATION YEARBOOK

北京市国有文化资产监督管理办公室 编

时代出版传媒股份有限公司
北京时代华文书局

《北京市国有文化资产监督管理年鉴 2014》
编辑说明

一、《北京市国有文化资产监督管理年鉴 2014》由北京市国有文化资产监督管理办公室主办，《北京市国有文化资产监督管理年鉴》编委会编纂，北京时代华文书局有限公司编辑出版。

二、本年鉴是一部全面记载北京市国有文化资产监管、北京文化创意产业发展总体情况的工具书，是市文资办对外宣传的主要窗口和交流平台，对于宣传、指导北京市国有文化资产监督管理和文化创意产业发展工作具有重要参考价值。

三、本年鉴突出政策性、权威性、实用性和连续性。

四、本年鉴设有重要文献、规范性文件、北京市国有文化资产监督管理工作、促进文化创意产业发展、监管企业发展概况、各区（县）文化创意产业发展情况、大事记共七个部分。

第一部分：重要文献。收集了中央、北京市领导重要讲话，市文资办领导重要讲话以及机关 2014 年度工作总结。其中部分内容涉及单位内部信息，不宜公开，仅以摘要形式显示。

第二部分：规范性文件。收集了 2014 年市委市政府及市文资办制定发布的规范性文件。

第三部分：北京市国有文化资产监督管理工作。市文资办对 2014 年国有文化资产监督管理工作进行概述。

第四部分：促进文化创意产业发展。市文资办对 2014 年文化创意产业发展有关工作进行概述。

第五部分：监管企业发展概况。市文资办监管企业主要工作情况。

第六部分：各区（县）文化创意产业发展情况。各区（县）对 2014 年文化创意产业发展情况进行概述。

第七部分：大事记。

《北京市国有文化资产监督管理年鉴》编委会

2015 年 7 月

《北京市国有文化资产监督管理年鉴2014》

4 月 17 日，由中国电影基金会、市文资办、中信资产管理有限公司、耀莱集团、北广传媒集团共同发起的北京文资华夏影视文化产业投资基金正式揭牌

5 月 15 日，市文资办与中国光大银行北京分行签署文化金融战略合作协议

7月11日，中央文资办主任王家新赴北京文化创意产业展示中心调研，市文资办主任周茂非陪同调研

8月20日，第二届北京惠民文化消费季启动仪式暨2014文化创意产业研讨会在北京文化创意产业展示中心举行，北京市副市长杨晓超出席活动并致辞

9 月 5 日，市文资办联合市文化局、市新闻出版广电局等单位召开培育首都骨干文化企业座谈会，发布了首届“首都文化企业 30 强、文化企业 30 佳”名单

11 月 25 日，第 18 届京港洽谈会的重点板块之一“京港文化创意产业研讨会”在京举行

首都文化投融资服务体系

▶ 北京文化产权交易中心与北京大栅栏琉璃厂商会指挥部和北京十一街科技发展有限公司签署运营合作协议，共同打造琉璃厂艺术品交易平台

▶ 11 月 18 日，北京出版集团旗下的京版北教文化传媒股份有限公司正式挂牌，成为全国首家登陆“新三板”的国有控股图书发行企业

▶ 发起设立北京市文化产业小额贷款股份有限公司

战略合作

▶ 5月8日，市文资办与中国人民银行营业管理部共同签署《文化金融战略合作协议》

▶ 支持北京国际广告传媒集团与中国电信北京分公司签署战略合作协议

▶ 支持北京演艺集团有限责任公司与宋城演艺签署战略合作协议

2014 北京地坛文化庙会
台北之旅

第二届北京惠民文化消费季

▶ 2014 北京动漫游戏嘉年华

▶ 2014 北京国际设计周暨珠宝设计消费季

▶ 第二届中国民族精品博览会

▶ 2014 北京艺术博览会

目录

第一部分　重要文献

领导讲话摘要

市文资办工作报告

市文资办领导讲话摘要

第二部分　规范性文件

第三部分　北京市国有文化资产监督管理

国有产权管理工作

业绩考核与薪酬管理工作

国有文化企业审计工作

监事会工作

第四部分 促进文化创意产业发展

发展规划

文化创意产业投融资

首都文化消费

产业提升与融合发展

战略合作

党建与人才培养

文化创意产业“走出去”

宣传展示交流

文化经济政策平台

第五部分　监管企业改革发展情况

北京市文化投资发展集团中心

北京国际广告传媒集团有限公司

第六部分　各区（县）文化创意产业发展情况

第七部分　大事记

2014 年鉴

第一部分
重要文献

领导讲话摘要

在第二届北京惠民文化消费季启动仪式暨2014文化创意产业（北京）研讨会上的讲话

文化部党组成员、部长助理 刘玉珠

（2014年8月20日）

尊敬的晓超副市长、希慧副主任，各位来宾：

大家上午好！

首先，祝贺第二届北京惠民文化消费季正式启动！文化部一直关注，并积极支持北京市开展的惠民文化消费季活动，我非常高兴能够参加今天的启动仪式，并在2014文化创意产业（北京）研讨会上，就促进文化消费的有关问题与各位作交流研讨。

根据我国经济和社会发展需要，党中央国务院把加快建立扩大消费需求长效机制，释放居民消费潜力作为长期战略部署。从国家层面讲，文化消费是扩大内需的重要组成部分，扩大文化消费是稳增长、促改革、调结构、惠民生的重要举措。从产业发展层面讲，我国文化产业经过了十年的快速发展，提升质量效益，加快转型升级的内在需求日益突出，扩大文化消费也是文化产业转型提质的内在要求。

文化消费既包括文化内容产品的直接消费，也包括辅助其发生的文化用品的间接消费，是文化产业价值链的最终环节，是文化产业流程的关键因素，是文化产业发展的内生动力。文化创意是文化产业的源头，优秀的文化创意不仅可以满足居民现有文化消费需求，而且可以激发潜在的消费需求，进而促进和推动文化产业的可持续发展，实现产业转型升级。

与多年高速增长的经济速度相比，我国国民消费表现为一般消费不足，文化消费更是明显滞后。我国城乡居民人均文化消费支出占人均消费支出的比重总体上偏低，虽然呈现出增长的趋势，但提高的速度比较缓慢，9年的时间增长还不到一个百分点。据有关专业机构的调研测算，2013年底，我国文化消费潜在市场规模为4.7万亿人民币，而当前实际文化消费规模刚刚超过1万亿人民币，存在着近3.7万亿元的文化消费缺口。我国居民潜在的文化需求未得到有效满足，文化消费存在着巨大的市场空间。究其原因，我认为是多方面的，也是很复杂的，但与人们生活方式、居民收入和受教育程度有密切的关系，文化消费的习惯也还有待于进一步培育和提高。同时，也和文化企业的产品开发、创新能力不强、文化产品和服务的有效供给不足等方面有关。

因此，扩大文化消费不仅是必要的，而且是可行的。首先，扩大文化消费从根本上讲要提高城乡居民文化消费的支付能力，并通过有效的政策措施让城乡居民的支付能力转化为实际的文化消费支出，可采取现金补贴、激励评价、折扣等形式对城乡居民购买指定范围的文化产品和文化服务支出给予直接的财政补贴，通过财政补贴的激励和杠杆作用促进文化消费支出，扩大文化消费规模。文化部正在和财政部一起商定在下一步的工作中拉开城乡居民文化消费试点。选择不同地区，采取促进文化消费的措施进行试点。为在全国范围内实施积累经验，创造条件。

其次，对文化产品和服务供给主体的刺激和激励也是扩大文化消费的重要手段。政府部门要进一步放宽市场准入，让更多的民营资本进入到文化领域。通过必要的良性竞争来提高文化产品和服务的创意和策划水平，实施文化产品开发税前抵扣制度，适当降低文化企业开发的风险，加强文化企业的创意和创新能力建设，激励文化企业加大文化产品和服务的研发力度。

第三，在改善文化消费条件方面，可通过政府投入引导、联合社会资本市场化运作的方式构建文化市场信息提供公共平台，为消费者提供及时有效的信息服务，促进文化消费的数字化、网络化，开发文化消费手机支付等新型文化消费金融支持服务模式，进一步提高居民文化消费的便利化水平。

近年来，在北京市委、市政府的正确领导下，北京市文化创意产业得到了长足发展，无论是文化产业的增加值的绝对量，还是其占 GDP 的比重，均在全国处于领先地位。2013 年，北京市人均 GDP 已经超过 15000 美元，文化消费具备了良好的经济基础。去年下半年，北京贯彻中央要求，积极探索促进文化消费的途径，举办了为期两个月的首届北京惠民文化消费季。这一创新性的举措在培养文化消费的理念、引领文化消费意愿、激励文化消费行为等方面取得了良好的效果。尤其是在首届文化消费季期间实行了北京文化惠民卡措施，既惠民，又惠企，为打造扩大北京文化消费的长效机制奠定了很好的基础，促进了首都文化产业的繁荣发展，也为其他地区扩大文化消费提供了借鉴。

目前，文化部正与北京市政府共同建设国家文化产业核心实验区，建议北京市利用这一有利的时机在下一步的工作中顺应产业融合发展的新趋势，继续深入研究文化消费，积极创新促进文化消费的配套政策，培育新的文化消费增长点，为全国扩大文化消费提供新鲜的经验，也为我国经济社会发展做出更大的贡献。

谢谢大家！

在第二届北京惠民文化消费季启动仪式暨2014文化创意产业（北京）研讨会上的致辞

中央文资办副主任　张希慧

（2014年8月20日）

尊敬的杨晓超副市长，尊敬的刘玉珠部长助理，尊敬的各位领导，各位来宾，朋友们：

大家上午好！

非常高兴参加第二届北京惠民文化消费季启动仪式。受王家新主任的委托，首先请允许我代表财政部文资办对此次活动的成功举办表示热烈的祝贺。

北京作为全国的文化中心，文化创意产业快速发展。2013年，全市规模以上文化创意产业收入达10022亿元，同比增长7.6%，从业人员达到104.7万人。为了进一步促进首都文化消费、优化文化产业结构，去年，首届北京惠民文化消费季顺利举办，并取得巨大成功。短短45天内，吸引消费2654.3万人次，直接消费达52.3亿元，获得了经济、社会效益双丰收。同时，创新型地推出北京文惠卡，建立了促进文化消费的长效机制，为全国创造了经验，得到了中央有关领导的充分肯定。

今天，第二届北京惠民文化消费季启动，也是要再接再厉，乘势而上，进一步扩大北京的文化消费、培育文化消费市场。

伴随我国经济的快速发展，人民群众的文化消费不断增长，文化消费在稳定经济增长、促进经济结构调整、实现经济发展方式转变、更好地满足群众需求等方面发挥了越来越重要的作用。

2012年，全国文化产业增加值达到1.8万亿元，占GDP的3.48%。文资办作为国有文化企业资产监管及文化产业财政政策的制定与实施部门，始终将振兴全国文化产业、扩大文化消费作为重要工作目标。2008年以来，中央财政累计安排文化产业发展专项资金144亿元，采用贷款贴息、项目补助、绩效奖励等多种形式，有力地支持了全国文化体制改革，促进了文化产业发展。

下一步，财政部文资办将贯彻落实党的十八届三中全会精神，充分发挥财政资金的撬动作用，培养文化消费理念，引领文化消费意愿，激励文化消费行为，培育新的消费增长点。在此过程中，财政部文资办将不遗余力地支持北京市开拓创新，为全国其他省市做出表率，积累经验。

最后，衷心祝愿第二届北京惠民文化消费季活动取得圆满成功。

谢谢大家！

在市文资办调研座谈会上的讲话

市委常委、宣传部部长　李伟

（2014 年 3 月 6 日）

文资办搬到新的办公地点后，我是第一次来到文资办调研，这次来有两个目的：一是看望慰问大家，二是听取近期文资办几项重点工作进展情况。目前来看，这几项工作总体进展顺利，取得了重要的阶段性成果，前一段的工作应该充分肯定。借此机会，我对大家的辛勤工作表示感谢。

作为全国第一家省级国有文化资产监督管理机构，文资办的成立，是我市贯彻落实党的十七届六中全会精神、进一步深化文化体制改革的重要举措，是在我市文化改革和发展领导小组的统筹指导下，逐步建立健全党委和政府监管国有文化资产的管理机构、实现管人管事管资产管导向相统一的重要探索和实践。自 2012 年 6 月成立以来，文资办认真贯彻落实市委市政府决策部署，边组建边开展工作，不等不靠，围绕推进全市文化改革发展，积极谋划、深入调研、扎实工作，取得了阶段性工作成果。在文化投融资体系建设方面，加强协调，扎实推进，搭建了投资基金、银行统贷平台、担保资金、小额贷款、创新工场等文化金融对接平台，初步建立起多层次全产业链的文化投融资服务体系；在文化经济政策平台方面，按照“横到边、纵到底”的要求，对文化经济政策进行了全面梳理，搞懂吃透、纵向贯通，并且做了多层面、多视角、多维度的集成、应用，平台功能未来拓展也都有很好的设计；在文化产业发展布局方面，基于我市产业发展特点和区（县）资源禀赋，研究提出了文创产业功能区发展规划和产业提升规划，在推进文化产业集约化发展方面做了有益探索；除此以外，在促进文化消费、推进重大项目落地、支持国有文化企业发展等方面也做了许多工作。总的看来，工作开展得有声有色，文资办全体干部呈现出攻坚克难、开拓进取的良好工作作风，给我留下了深刻印象。

当前，首都改革发展进入了全新阶段，文化所承载的地位和作用日益凸显，改革发展的任务更加艰巨。为适应首都文化改革发展的形势需要，加强顶层设计和统筹，去年 10 月，我们调整组建了市文化改革和发展领导小组。近日，在市委深化改革领导小组下，又成立了深化文化体制改革专项小组。文资办作为领导小组的重要成员单位，在领导小组授权委托下，承担着我市国有文化资产监督管理和产业推动的重要职责。今后，在领导小组的统筹下，文资办要协助领导小组办公室（市委宣传部）当好参谋助手，为领导小组办公室（市委宣传部）提供决策依据并抓好决策部署的落实和落地。

关于下一步工作，我简单谈几点意见：

一是立足根本，抓好国有文化资产监督管理。文资办“三定方案”明确了十项工作职责，都没有离开国有文化资产监管，这是文资办开展工作的基本出发点和落脚点。下一步，市文化改革和发展领导小组办公室会尽快研究确定文资办资产监管范围，按照“成熟一批、划转一批”的原则，将市属文化企业和文资办出资实行企业化管理的文化事业单位，分批划入文资办监管范围。监管范围明确后，文资办要切实履行起出资人职责，着力完善国有文化资产监管制度，重点研究出台国有文化资产监督管理办法、企业领导人的绩效考核和薪酬管理、投资管理、产权管理等专项制度，形成适合北京特点的国有文化资产监管制度体系。

二是深化改革，协助做好文化体制改革工作。贯彻落实十八届三中全会精神、深化文化体制改革是当前工作重中之重。文资办要按照市文化改革和发展领导小组和文化体制改革专项小组授权，立足部门职责，主动承担起深化文化体制改革的工作任务。推进我市文化企业改革重组，加快公司制股份制改造，建立健全现代企业制度，完善法人治理结构。特别是在推进资源整合、培育骨干文化企业、推动上市融资方面，要加强谋划，研究提出工作方案，建言献策，为领导小组决策提供有价值的参考和依据。

三是提质增效，着力推动文化产业规模化、集约化、专业化发展。我市文化产业近年来一直保持较高速度的增长，收入、增速和占 GDP 比重在全国始终处于领先位置。我们不能沾沾自喜，要有危机意识。前两天，产业处报给我一组数据，2013 年全市规模以上文创产业实现收入 10022 亿元，比上年增长 7.6%，是近年来较低水平。增速回落客观上与整个国内外经济形势及产业发展环境相关，但我们也要提高警惕，加强谋划，在文化产业的提质增效上下功夫，着力在推动产业发展规模化、集约化、专业化上出狠招。今年要围绕搭建文化经济政策平台、建设示范园区、培育龙头企业、做好重大项目服务、推动要素市场发展等重点工作，拿出一些切实可行的举措并认真推动落实。

四是大胆创新，在投融资服务体系建设方面作出示范。资本是文化创新发展的翅膀，发展文化产业，离不开多层次资本市场的助推。这项工作目前已有了很好的基础。下一步，文资办要在完善投融资服务体系、搭建多层次资本市场方面多做些文章，在金融资本支持文化创新方面多出新点子，充分发挥智囊作用，为我市文化投融资体系的完善多贡献智慧和力量，探索出一套可借鉴、可复制的文化资本对接模式。要充分发挥文投集团、基金公司“资金蓄水池”功能，选准项目，选好项目，在支持文创项目发展的同时，使蓄水池中的水实现循环流动、水量增加。

在具体工作开展过程中，要牢固树立全市宣传文化工作“一盘棋”的意识，多讲大局、多讲全局，在市文化改革和发展领导小组统筹下，希望文资办与相关部门加强沟通、加强配合、加强协作；重大事项、重点工作、重要决策要及时向领导小组办公室请示汇报；部改革办、产业处等相关处室也要加强对文资办的联系、服务和指导，心往一处想，劲往一处使，拧成一股绳，形成工作合力。

以上，是我对文资办下一步工作的考虑。要高效高质量地完成这些任务，离不开一支强有力的干部队伍。文资办作为新成立不久的部门，干部队伍来自五湖四海，包括在座的许多同志，都是不同领域的精兵强将，经过精挑细选汇集于此，年轻人多、朝气蓬勃、各有所长，有的基层经验丰富，有的专业技能突出，有的具有丰富的投融资实践经验。如何将这些优秀的士兵整编成集团军，形成一支政治强、业务精、作风正、纪律严的干部队伍，下面我再提几点希望：

第一，不做衙门做平台，提升服务水平。文资办不同于宣传文化口的其他政府局，没有行政审批权，立身之本是做好服务，真正成为服务型政府机构，千万不能变成政府衙门。要以高效有为的工作能力、工作水平和工作业绩，为市委市政府决策服务，为深化文化体制改革服务，为文化产业健康发展服务，为国有文化资产保值增值服务；要努力成为服务全市文创企业发展的公共平台，以实际行动为文资办这个新机构、新部门，赢得信任，赢得尊重，创造良好口碑。

第二，不做官僚做公仆，加强作风建设。前不久，文资办按照市委统一部署，开展了群众路线教育实践活动，取得了阶段性成效，要继续巩固和发扬教育实践活动的成果，练好本领，练好作风，在日常工作、待人接物等方面时刻体现公仆意识、主动服务意识。在工作中不越权、不争权、不嗜权，特别是文资办受领导小组办公室委托，负责组织开展文创资金项目评审，开展重大项目投融资，资金量大、社会关注、潜在风险高，必须严守工作制度、工作纪律和工作流程，敬畏手中的权力，严格自律、恪守底线。在开展的工作和活动中，要严格遵守中央八项规定，精打细算、厉行节约。

第三，不求小利求大义，筑牢思想阵地。文资办既是市政府的直属机构，又是纳入宣传系统管理的意识形态部门，要加强思想政治领域学习，时刻保持政治上的坚定性、自觉性和敏锐性，在文化资产监管、文创项目评审、开展投融资活动等日常工作中，要切实增强导向意识、阵地意识，不单纯为经济效益所左右，坚持把社会效益放在首位，力求社会效益和经济效益统一，如果两者发生矛盾，经济效益要坚决服从社会效益。

同志们，习总书记上周到北京视察，对首都功能定位及产业结构调整作出了明确的指示和要求，这是对我们巨大的鞭策与鼓舞，一定要深刻领会，把讲话精神落实到推动首都文化改革发展的具体实践中，落实到文资办各项具体工作中，开拓创新、奋发有为，努力在国有文化资产监管、产业促进等方面取得新的突破和新的亮点，为首都文化改革发展工作做出更大贡献！

在第二届北京惠民文化消费季电视电话会议上的讲话

北京市副市长　杨晓超

（2014 年 8 月 12 日）

同志们：

今天我们召开全市有关部门和 16 个区(县)的电视电话会议，目的就是部署第二届北京惠民文化消费季的各项工作，力争在去年活动的基础上，进一步提升活动的质量、水平和影响力，更好地实现社会效益与经济效益的统一。

去年的消费季活动得到中央领导的高度关注和肯定，中央政治局委员、国务院副总理刘延东同志先后两次作出批示，表示“北京文化惠民活动一举多得，值得推广”，“北京的文化惠民富有特色，实现百姓、企业双丰收，经验值得推广”。中央政治局委员、中宣部部长刘奇葆同志作出批示，请中央媒体加强宣传报道，中宣部协调新华社、人民日报、光明日报、经济日报、中央电视台、中央人民广播电台等中央媒体对活动进行了专题报道。文化部部长蔡武同志也要求《中国文化报》对相关情况进行全面报道，并专门发简报在全国文化系统推广北京经验。应该说，这些都为我们举办好第二届北京消费季活动指明了方向，也奠定了很好的基础。

刚才相关单位介绍了第二届北京惠民文化消费季活动的总体情况，以及部分专项活动和区（县）活动的筹备情况，应该说，今年的活动与去年相比，时间有所延长，门类更加齐全，内容更为丰富，形式更为灵活，各部门之间的协调机制也更为通畅。为加强各项工作的统筹推进，我再谈以下几点意见。

一、充分认识举办惠民文化消费季活动的重要意义

党的十八大提出要牢牢把握扩大内需这一战略基点，加快建立扩大消费需求长效机制，释放居民消费潜力。今年，习近平总书记在视察北京重要讲话中明确了北京是全国政治中心、文化中心、国际交往中心和科技创新中心的城市战略定位，作出了京津冀协同发展的战略部署，这是我们做好惠民文化消费工作的基本遵循。有几点重要意义值得我们去思考。

第一，举办惠民文化消费季，是推进全国文化中心建设的重要组成部分。北京集中了全国最丰富、最优质的文化资源，但如何

将这些资源在建设先进文化之都、培育核心价值观、传承中华民族优秀文化传统等方面发挥作用，如何将这些资源转化为现实的产品与服务，如何让广大市民参与到文化中心建设当中，这需要政府大力推动，文化企事业单位努力提供产品与服务，广大市民积极参与，而惠民文化消费季是一种很好的形式，能够整合三方面资源，调动三方面积极性，所以要增强工作的自觉性与主动性。

第二，举办惠民文化消费季，是培育社会主义核心价值观的重要途径。今年2月12日，社会主义核心价值观的24字基本内容正式公布。通过惠民文化消费季平台来整合多层次、多样化、健康向上、质优价廉的文化产品和服务，能够为不同年龄、不同收入阶层、不同消费偏好的群体提供服务，在满足其精神文化和娱乐消费需求的同时，潜移默化地倡导民主，传播文明，弘扬法治，促进和谐，让更多普通民众通过文化消费，接触进而接受日常化、具体化、形象化、生活化的社会主义核心价值观，从而感知它、领悟它，内化为精神追求，外化为实际行动。

第三，举办惠民文化消费季，是调结构、稳增长、惠民生的重要抓手。当前，我国经济形势呈现“三期叠加”特征，即增长速度进入换挡期，结构调整面临阵痛期，前期刺激政策的消化期。虽然经济总体运行平稳，但也存在突出的矛盾和问题。今年6月，国务院派出督导组，对我市稳增长、促改革、调结构、惠民生政策措施落实情况开展全面督查，提出了一系列重要意见和建议，并特别强调，要高度重视、深入思考经济企稳回升后劲问题。当前我市经济下行压力依然较大，亟需培育新的消费增长点，而文化消费今年以来的表现应该说还是很突出的。上半年，城镇居民人均文化娱乐服务支出较去年同期增长22.7%，呈现出良好的发展势头和广阔的增长空间。在当前形势下，举办惠民文化消费季，能够有效激发文化消费的促进带动作用，为我市经济稳定增长做出贡献。

第四，举办惠民文化消费季，是广大人民群众的现实需求。近年来，随着经济的快速发展，我市居民收入水平不断提高，去年人均GDP已超过15000美元，市民的文化消费能力和水平持续提升，需要更多高水平、高质量的文化产品和文化活动来满足人民群众日益高涨的精神文化需求。举办惠民文化消费季，整合文化及相关产业所涉各行业门类的丰富资源，吸引全市以及天津、河北等周边地区的优秀企业、优质产品，通过开展集中让利促销等惠民活动，让北京市民以及来自全国各地的消费者用低廉的价格享受高质量的文化产品和服务，能够切实满足广大人民群众的现实需求，提高全社会的文化生活质量。

二、举办惠民文化消费季活动要节俭务实、惠及市民

刚才从同志们的汇报中看出，这次活动

内容丰富，包括文艺演出、电影展映、图书阅读、动漫游戏、文物拍卖、创意设计、文化数码、啤酒美食、民族精品、展览展示、推介交易等上百场活动，是金秋时节为北京百姓提供的一场文化大餐。在活动过程中，各有关单位要把惠民文化消费季各项活动与全市开展群众路线教育实践活动紧密结合起来，节俭办活动，坚持始终把社会效益放在首位，做到经济效益与社会效益相统一，不组织大型演出活动，不请明星捧场，把我们党和政府“立党为公、执政为民”的理念贯穿始终，要花小钱办大事，让文化消费走入基层，给群众带来实惠，让企业从中受益，真正做到惠民惠企。

三、举办惠民文化消费季活动要加强组织领导

这次活动涉及20多个部门和16个区（县），活动内容涵盖了文化创意产业各相关领域。在三十六个大项活动中，又包含了许许多多的小项活动，每一项活动，都需要上上下下的统筹，需要方方面面的配合。各相关单位要树立大局意识、责任意识，增强协同意识、服务意识，相互补台，形成合力，真正做到全市上下一盘棋。在市政府的统一领导下，按照活动方案的部署和安排，周密布局，合理分工，建立有效的运行协调机制，服务好各项活动的筹备和举办。特别是，市文资办要承担好日常的组织运行和统筹协调工作；市财政局要依法合规地落实好资金保障工作；市市政市容委要在悬挂道旗等户外广告宣传工作方面提供协助；宣传部门要协调做好各项活动的新闻宣传组织工作。

四、举办惠民文化消费季活动要强化安全保障工作

当前的安全形势和反恐形势极为严峻复杂，我们要把安全问题作为工作的底线，不能突破。消费季延续时间长，涉及活动多，部分活动会在短时间内形成较大规模的人流聚集，必须高度重视安全保障工作。大家要对各个环节严把安全关和质量关，一定要树立“首都无小事、安全无小事”的政治意识，牢牢绷紧“安全第一”这根弦，督促各项活动的执行机构健全安全制度，制定安全方案和突发事件的应急预案。公安消防等相关部门要加强对重点场所的巡视和检查，督促活动执行机构查漏补缺，做好反恐防暴应急预案，提高突发事件快速反应能力，确保各项活动安全顺利举办。

同志们，现在离消费季正式启动还有不到10天的时间，请大家务必齐心协力，心往一处想，劲往一处使，拧成一股绳，切实做到“思想认识到位、组织领导到位、责任任务到位、保障措施到位”。这里我还要特别强调一点，要及时总结经验，把惠民文化消费季打造成为北京文化建设的代表性品牌，切实充分让广大市民参与其中。除了其

他方面工作，提个建议，要重点在“惠民”二字上下功夫、做文章，不仅是低票价、补贴，要让更多人民群众参与到文化消费活动当中来，让先进文化、核心价值观体系深入人心，让广大人民群众获得精神享受，丰富精神文化生活。既要坚持经济效益，更要坚持社会效益，让老百姓在获得经济方面的实惠，同时享受精神文化方面的实惠。各部门、各区（县）要精诚合作，确保第二届北京惠民文化消费季成功举办，为明年活动的举办打下基础。

谢谢大家！

在第二届北京惠民文化消费季启动仪式暨2014文化创意产业（北京）研讨会上的致辞

北京市副市长　杨晓超

（2014年8月20日）

尊敬的玉珠同志，希慧同志，各位来宾：

大家上午好！

第二届北京惠民文化消费季即将正式启动，在此，我代表北京市人民政府向各位领导和朋友们的到来表示热烈的欢迎，向活动的组织者，联合主办单位，以及各参与机构表示衷心的感谢。

年初，习近平总书记在视察北京时曾发表重要讲话，明确了北京四个中心的战略定位，为首都文化发展进一步指明了方向。在成功举办第一届北京惠民文化消费季的基础上，第二届北京惠民文化消费季是在新形势下推动文化产业持续健康发展的重要举措，只有文化消费持续旺盛，才能促进文化价值的实现，才能凸显文化创新的活力和魅力。因此，我们需要进一步加深对习近平总书记重要讲话的理解和举办惠民文化消费季的认识。

我理解：

第一，举办惠民文化消费季是推进全国文化中心建设的重要组成部分。

北京集中了全国最丰富、最优质的文化资源，文化底蕴深厚，应在建设先进文化之都、培育创新价值观、传承中华民族优秀文化传统等方面发挥重要作用。在政府的推动下，将这些资源转化为现实的产品与服务，并让广大市民积极参与。而惠民文化消费季就是一个很好的形式，整合三方面资源，调动三方面的积极性。

第二，举办惠民文化消费季是培育社会主义核心价值观的重要途径。

今年2月12日，社会主义核心价值观正式公布，通过惠民文化消费季平台来整合多层次、多样化、健康向上、优质价廉的文化产品和服务，为不同年龄、不同收入阶层、不同消费偏好的群体提供服务。在满足其精神文化和娱乐消费需求的同时，潜移默化地倡导民主、传播文明、弘扬法治、促进和谐，让更多普通民众通过文化消费接触，进而接受日常化、具体化的社会主义核心价值观，从而感知它、领悟它，内化为精神追求，外化为实际行动。

第三，举办惠民文化消费季是调结构、稳增长、惠民生的重要抓手。

今年6月，国务院督导组对我市稳增长、促改革、调结构、惠民生情况进行了督察，特别强调要高度重视经济企稳回升的后劲问题。在经济下行压力较大的情况下，我市继续培育新的消费增长点。举办惠民文化消费季能够有效激发文化消费的促进带动作用，为全市经济稳定增长做出新的贡献。

第四，举办惠民文化消费季是广大人民群众的切实需求。

近年来，随着经济发展和居民收入水平的提高，文化消费孕育巨大空间。举办惠民文化消费季，整合资源，让利促销，让北京市民和各地消费者享受物美价廉的文化产品和服务，切实满足人民群众的精神文化需求，提高全社会文化生活质量。

今天，除了启动仪式以外，还要举办2014年文化创意产业研讨会。衷心希望大家畅所欲言，建言献策，为首都文化产业发展提供智力支持。

最后，预祝第二届北京惠民文化消费季圆满成功。

谢谢大家！

市文资办工作报告

市文资办 2014 年工作总结

2014 年是市文资办创新发展的一年。一年来，在市委市政府正确领导下，市文资办坚持改革创新、探索实践，系统推进首都文化投融资服务体系建设，有效做大做优惠民文化消费季品牌，逐步夯实国有文化资产监管基础，统筹规划产业发展和功能区布局，积极疏通对外文化贸易渠道，不断丰富健全文化经济政策，全市文化创意产业呈现出创新发展、稳中有进的积极态势。

全市规模以上法人单位实现收入 11029 亿元，同比增长 9.5%，比上年提高 1.9 个百分点；实现增加值 2794.3 亿元，占 GDP 达 13.1%；从业人员 109.7 万人，增长 2.2%。城镇居民人均教育文化娱乐服务消费性支出同比增长 4.6%。固定资产投资达 323.4 亿元，同比增长 2.1%，超额完成 1.1%。全年银行业金融机构文化产业贷款余额 805.68 亿元，较年初增长 11.83%；上市文化企业 9 家，占北京地区全年上市公司的 50%。

一、2014 年工作总结

（一）完善工具支撑，文化金融创新形成新态势

坚持放大国有资本引导撬动效应，深入破解文化企业融资难、融资贵、融资慢等问题，通过创新和完善文化金融工具，推动文化金融继续朝着多元化、生态化、实效化方向迈进。

1. 不断完善文化投融资服务体系。发挥文投集团首都文化资本运营平台功能，提升国有资本控制力。文创基金管理公司募集子基金数量增至 14 支，资金规模扩大到 135 亿元，业务工作全面开展，形成良好效益预期。融资担保公司核准投放 184 个项目，批准保额超 37 亿元，净利润 5700 万元。成立文化科技融资租赁公司，积极探索无形资产经营新思路，开业 3 个月实现利润总额超过 3100 万元。发挥统贷平台职能，风险补偿资金增加到 1.5 亿元，国有资本投放安全系数有效提升。发挥创新工场经营模式优势，品牌输出效果明显，核心示范区吸引近 50 家企业入驻，各区 (县) 和相关机构拟邀共建特色基地意向 12 家。成立文化小贷公司，为 27 个潜力项目提供贷款帮扶。筹建北京文化产权交易中心，构建要素交易平台。目前，文化投融资服务已确立完整架构体系，逐步形成了“投、融、贷、保、孵”环环相扣、彼此支撑的文化金融新格局。

2. 有机推动政银企合作迈出新步伐。与人民银行北京营管部签署战略协议，联合文化部等优势资源，共建“国家文化金融合作试验区”，开展系列政策先行先试，打造体制机制创新高地。目前，已组建北京文化创意产业发展服务有限公司，承担试验区建设推进机构和公共服务平台功能。与光大银行北京分行签署战略协议，获取文化企业融资、重组上市、银团、资产证券化等一揽子金融服务。与北京银行签署系列战略协议，为首都文化企业争取授信800亿元，创新推出“文创信保贷”，构建中小企业融资绿色通道。落实与北京证监局签订的《上市备忘录》，疏通首都文化企业上市渠道。

3. 着力规范财政专项资金监管。加强资金使用检查，加大项目评审与实地踏勘稽查力度，委托第三方机构对2013年度289个项目开展绩效评估，从严掌控项目考核和资金审计，核减18个未达标项目资金1580万元。经综合评议，2013年度财政专项资金监管绩效蝉联全市宣传文化系统首位。2014年安排专项资金4亿元，征集项目879个，严格规范项目评审，202个项目获得支持，财政杠杆率从2013年的35倍提高到40倍。同时，专项资金扶持引导作用显著提升，“北教传媒”和“安之文化”成功登陆“新三板”，“天闻数媒”、“搜狐畅游”、“盛世骄阳”等企业创新加速，《致青春》、《正阳门下》等一批影视剧目取得良好效益。

（二）引导供需协同，首都文化消费实现新突破

围绕首都文化消费新态势，以内容供给为基础，以方式创新为重点，以区(县)工作为支撑，统筹文化供给与消费需求，第二届北京惠民文化消费季取得了新突破。

1. 加强理念转变引领工作发展。坚持文化、惠民、消费“三位一体”，举办第二届北京惠民文化消费季，利用千龙网、文资办官网等扩大宣传覆盖面，累计报道信息千余篇，营造良好氛围。统筹协调各区（县）和文化企业，跟踪情况、查漏补缺。与首届活动相比，各区（县）消费金额均有所提升。东城、西城、石景山、通州突破亿元消费关口，顺义、大兴、昌平、怀柔、密云等实现“零”突破。坚持市场配置资源，完善文惠卡综合促销功能，引导企业创新产品供给，带动提升“有效销售”和“有效消费”。截至12月31日，文惠卡累计发放151万张，覆盖商户1561家、门店2788个，实现交易额7.19亿元，为百姓文化消费节省了9000多万元。

2. 坚持虚实结合增强智力支持。多次召集企业、专家务虚座谈，联合权威研究统计机构，跟踪掌握消费季动态，收集整理消费数据，分析预判文化消费市场趋势。加强调查研究和成果转化，形成了《北京文化消费指数研究》、《首都文化消费新趋势研究》、《北京文化消费市场培育建设研究》等成果，切实服务消费决策。

3. 谋划新措施促进文化消费升级。积极

创新文化供给方式，运用“众筹”思维，深入挖掘闲置资源，不断做优存量、扩大增量，举办1500场次活动，激活不同群体的潜在消费需求。通过数量质量并举、线上线下互动、城市乡村一体、局外局内转换、境内境外对接、积分激励引导六大举措，打造了多渠道、立体化的文化消费新格局。第二届北京惠民文化消费季累计消费人次达3772.5万，同比增长42.1%；消费金额达101.8亿元，同比增长94.6%。制定出台全国首个促进文化消费的政策——《北京市人民政府关于促进文化消费的意见》，实现了多个“第一”：第一次提出了文化消费发展的经济目标；第一次以市政府名义部署促进文化消费的五大任务；第一次从全市高度整合各类消费资源，培育突破地区、行业、所有制限制的“大文化消费市场平台”。《意见》得到了政府、学者和企业的高度评价。

（三）有序落实职责，国资监管取得新成效

积极履职，夯实基础，积极探索监管服务新思路，不断优化制度设计新方案，推动改革发展持续迈进。

1. 夯实国有文化资产监管制度基础。深入摸底调研，完成对全市181家国有文化企业的资产清查。修订完善“企业负责人绩效考核与薪酬管理”、“企业经济责任和内审”、“股权代表派出”、“产权管理”、“监事会工作指引”系列制度，初步设计特殊管理股、股权激励等制度，确定了2014年公众价值指标值和股东权益指标值。逐步完善监督，筹建国有文化企业监事会，开展国有股权代表选派试点和12家企业内部审计，监督审核12项国有文化企业经济行为。全面掌握企业经营现状，系统规范编织监管网络，为实现国有文化资产保值增值奠定了基础。

2. 不断提升国有文化企业市场竞争力。进一步强化文投集团投融资能力，重组控股上市企业“松辽汽车”，将采取“定向增发、企业并购、资产重组、借壳上市”组合融资方式，注入优质资产，为文化企业发展提供坚实的资本平台；拓展基金覆盖范围，发起成立影视子基金，投拍成龙主演电影《天将雄狮》，收益良好。目前，影片保底发行10亿元，海外版权销售突破6000万美元。指导文创国际集团优化战略结构，成立文创百纳影视公司，投拍《暖男的爱情与战争》、《家族荣耀》等剧目，即将播出。支持广告传媒集团拓展业务领域，收购市内高立柱、高速收费站和超大社区等广告资源，加强与外埠企业合作，有序布局户外广告和网络文娱营销；圆满完成APEC会议保障任务，得到市领导充分肯定。

3. 加强企业领导班子和人才队伍建设。强化企业领导层管理，完善竞争上岗、量化考核、收入分配与贡献业绩紧密挂钩的激励机制，完成6家企业和企业负责人综合考评。推进经营层市场化选聘，完成6家企业经营层公开招聘，任命4名企业负责人，配齐配强企业领导班子。统筹人才培养，全年共接收选派挂职干部22人次，完成8个班次300余人次的培训，有效促进不同区域和所有制之间的人才互联互通。强化人岗适配优配，提升人才引进精准度，全年引进各层人才8名，其中社会高端人才2名、海外高层次人才1名，企业团队的创新力、战斗力进一步提升。

（四）坚持系统带动，产业发展形成新布局

着眼产业发展转方式调结构，通过规划制定、重大项目布局，努力提升首都文化创意产业规模化、集约化、专业化水平。

1. 绘制首都文创产业发展蓝图。加强研究协商，不断丰富完善，以市政府名义发布《北京市文化创意产业功能区建设发展规划》和《北京市文化创意产业提升规划》。两个《规划》依托“一核、一带、两轴、多中心”基本骨架，描绘了主辅有别、特色鲜明的产业空间新格局，确立了传统做大、优势做强的行业发展新思路，构建了激发活力、优势叠加的产业动力新机制，形成了政府统筹、市场集约的资源管理新模式。依照规划，到2020年20个文创功能区将创造全市80%以上的产业收入，文创产业增加值占地区经济比重将超过15%，成为首都文化创意产业稳定健康发展的主导力量。

2. 扎实推进功能区建设。坚持“突出重点、兼顾基础、构建体系、抓好示范”总思路，迈好功能区建设第一步。推动创建功能区示范区，研究拟定了示范区工作意见、联盟组建方案和资金管理办法。明确功能区四至范围和统计指标体系，完成文化地图网站建设，编辑出版《北京市文化创意产业功能区发展研究》。梳理七大专业化服务平台建设需求，研究制定了平台认定管理办法。设立2亿元中国（怀柔）影视产业基地引导资金，成立了京怀影都文化投资公司，为影视企业孵化和资源集聚提供坚实支撑。

3. 优化重大项目布局。实施重大项目带动战略，以项目布局优化产业布局，以项目落地促进资源集聚。加强工作协调，克服建设资金紧张、项目过户关系复杂等困难，基金产业园项目开发进展顺利，已经实现结构封顶，后续运营工作积极推进。建立“市区联动纳统、重点委办信息比对、央地项目协调服务、重点领域统筹促进、横纵双向部门协同”五项机制，加快环球影城、国家时尚创意中心、北京懋隆文化产业创意园区二期等龙头项目建设，扩大项目牵引力、辐射力。加强中国杂技文化教育中心、朝阳公园沙排场改造项目布局调整，为实现功能引领创造条件。提升项目管理效能，建成北京文化产业项目库管理平台，目前纳入监管的重大项目达252个。积极发挥平台智能优势，实现项目全程综合分析、实时管理和协同推进。

（五）促进融合创新，发展环境呈现新气象

顺应产业融合发展大势，推动资源整合，释放融合创新红利，不断激发产业活力。

1. 创新政策集成应用体系。建成首都文化经济政策平台，编制了“政策内容库”、“政府服务指南”、“政策分析报告”系列成果，全面反映首都文化经济政策的基本情况，为政策服务和集成创新奠定了坚实基础；立足企业需求，规划设计了政策发布、咨询和产业服务“一站式”功能。编制完成了《2014年北京文化创意产业白皮书》及系列报告，深入宣传解读产业发展态势，为引导社会投资提供参考。

2. 推动文化融合向纵深迈进。牵头编制《北京市关于推进文化创意和设计服务与相关产业融合发展的行动计划》，坚持以“创意北京”为统领，以文化创意为灵魂，确定了工业制造、数字内容、商务、旅游、农业、体育等十大融合领域，制定财税、人才、基础资源等八项保障机制，确立了37类131项重点任务。目前，已经市政府常务会议审议发布。落实“双轮驱动”战略，发挥资源统筹职能，努力推动企业技术集成创新，依托中关村创新平台，支持全媒体IT云平台、超大屏幕矩阵自发光3D数字播映系统、头戴式3D实景虚拟旅游文化体验装备等项目研发生产，扩大自主知识产权运营能力；与中国电子集团共建未来科技城二期项目，搭建融合新平台。推选4家企业入选全国文化企业“30强”,评选首都文化企业“30强”、“30佳”，摸底首都文化企业发展情况，发现和培育骨干文化企业。

3. 加大协同创新力度。会同市委宣传部、市人力社保局，围绕人才需求和人才供给，认定30家市级文创人才培养基地。与北京双高合作成立北京文创双高人才发展中心，加强人力资源开发服务。顺应行业发展需求，推动成立首都文化产业协会，凝聚企业力量，积极促进文创产业发展。举办国家级、市级文化人才培训以及企业沙龙活动，为文化企业各类人才提供学习交流平台，促成合作项目20余个。编制《关于加强和改进非公有制文化创意企业党的建设工作的意见》，以党建创新激发非公文化产业发展活力。

（六）转变“走出去”理念，对外文化贸易取得新进展

针对文化“走出去”主体少、渠道少等问题，变“政府出资”为“企业投入”，继续拓展渠道、丰富载体，巩固滩头阵地。

1. 加大企业“走出去”支持力度。加强扶持引导，《马可·波罗传奇》驻场美国布兰森白宫演出近300场。帮扶瀚海智业投资建设“北京·洛杉矶”文化创意产业园，资源和企业初具集聚规模。加大综合支持力度，助推华韵尚德、四达时代等外向型企业拓展欧洲、非洲市场。举办“地坛庙会·台北之旅”活动，吸引民众35万人次，努力探索展会市场化运营新模式。

2. 进一步拓宽“走出去”渠道。坚持政府引导、企业运作，不断提升“走出去”渠道效益。与华盛顿市艺术人文委员会签署《谅解备忘录》，建立产业合作、人员培训和文化交流新机制。接洽西、俄、法、德等国在京办事机构，推动资源对接和项目合作。举办“2014北京·首尔文化交流——新媒体艺术作品展”，推动中韩新媒体艺术交流合作。利用2014北京文化创意产业展（台北）、第10届深圳文博会、第3届京交会、第27届科博会、第28届京港洽谈会等平台，创新项目推介方式，累计签约项目50余个，合作资金150亿元。

3. 推动国家对外文化贸易基地投入使用。坚持“央地合作、政策引导、核心带动”总思路，歌华天竺文化保税区进展顺利，正式运营。制定《关于加快国家对外文化贸易基地（北京）建设发展的意见》，由市政府和文化部联合印发，编制中期发展规划和系列准入标准。积极构建六大服务平台，国际文化贸易金融服务中心等项目建设取得积极进展。确立宝石贸易中心等为示范性贸易项目，现已建成运营机构，完成了交易规则、监管服务等机制设计。

（七）提升运转效能，机关建设走上新起点

狠抓机关内部建设，倡导弘扬“五种精神”、“六种意识”、“八多八不”，深入开展“三要三不要”主题教育活动，努力增强服务保障能力。

1. 大力提升规范管理水平。坚持以制度管人、靠制度办事，修订完善“因公出国（境）”、“信息公开”、“预算管理”等近30项制度，强化内部监督和财务管理，促进机关规范化建设。完善集体研究决策机制，全年组织召开领导工作例会22次，集体决策事项193项。加强机要档案管理，相关工作得到市档案行政执法检查组好评。加强宣传，全年编报信息460条，被《北京信息》等市级刊物采纳192条，获评宣传系统信息报送工作先进单位。加强机关人事工作，20名同志获职务晋升，8名同志调入。加强重大事项法律审查和风险防控，全年法务审查合同项目100余个。加强课题管理，完成2013年42项课题验收和2014年课题调度，两项研究成果获市级调研优秀成果奖。强化审计监督，完成国家和北京市多轮审计工作。承办人大建议政协提案27件，办结率和满意度均达100%。

2. 持续改进工作作风。精心组织办党委理论中心组学习活动，进一步坚定党员干部理想信念和政治忠诚。深化群众路线教育实践活动成果，扎实开展“要笑脸不要冷面，要感恩不要抱怨，要担当不要推诿”主题教育活动和在职党员到社区报到工作，党员干部的党性修养和服务意识持续增强。落实党风廉政建设主体责任和监督责任，建立主管领导“一岗双责”和部门权力清单监督机制，有效防控廉政风险。严格党内生活，认真组织开展2014年度领导班子民主生活会，加强批评与自我批评。

3. 努力塑造良好机关文化和形象。信息中心加强信息化服务水平，完成文资办官网升级。展示中心全年完成247场、5559人次接待任务，承办多场文化展览和学术交流活动，增加了英文解说服务。编发《文资办年鉴2013》，出版6期《产业发展研究》，刊发246期《文资办信息》。加强工会建设，关心慰问困难职工。组织徒步大会、楹联诗词展、摄影比赛等活动，建立室内健身、乒乓球、篮球等兴趣小组，丰富职工业余生活。积极参加宣传系统各类主题活动，获“最美北京人”演讲比赛最佳组织奖和个人演讲第一名。

市文资办领导讲话摘要

在文化创意产业领军人才研讨会上的讲话

市文资办主任　周茂非

（2014 年 2 月 26 日）

尊敬的各位来宾、各位朋友，女士们、先生们：

大家下午好！

今天，由市文资办与《光明日报》联合举办的“文化创意产业领军人才研讨会”在这里举行。我谨代表北京市文资办对本次研讨会的召开表示热烈祝贺！向出席本次论坛的中央单位领导、专家学者、企业界的朋友们表示诚挚的欢迎！

近些年，在北京市委市政府高度重视和大力推动下，“十一五”期间，全市文化创意产业持续健康快速发展，文化创意产业规模化、集约化、专业化水平进一步提高，文化创意产业创造的增加值由 2005 年的 674.1 亿元增至 2010 年的 1697.7 亿元，年均增速 20.3%，超过全市地区生产总值年均增速 5.1 个百分点；增加值占全市 GDP 比重由 2005 年的 9.7% 提高到 2010 年的 12%，共提高了 2.3 个百分点。

“十二五”期间，文化创意产业进一步发展，2012 年，全市文化创意产业收入突破 1 万亿元，实现增加值 2189.2 亿元。另外，按照国家统计局的标准，2012 年北京市文化产业法人单位实现增加值 1474.9 亿元，比上年增长 14.8%，占全市地区生产总值的比重达到 8.2%，居于全国各省市首位；据初步统计，2013 年全市文化创意产业实现增加值 2406.7 亿元，增速为 9.1%，占地区生产总值比重为 12.3%；全市规模以上文化创意产业实现收入 10022 亿元，同比增长 7.6%。文化创意产业的支柱地位得到进一步巩固，这为北京经济稳中求进增添了新亮点，为稳定就业做出了新贡献。

党的十八大、十八届三中全会进一步提出要建设社会主义文化强国，增强国家文化软实力。北京作为全国文化中心，有责任也有义务在全国发挥引领示范作用。市文资办围绕市委市政府中心工作，认真贯彻中央和市委关于发展文化创意产业相关文件精神，坚持“监管服务两手并举、投资消费双轮驱动、国企民企共同发展、国内国际两个市场共抓”的发展思路，一方面积极推进国有文化资产的监督管理，实现保值增值。我们深入分析各企业资产特点、经营方向，系统推进监管制度体系建设。另一方面，搭建文化投融资体系，推动资本与产业结合。先后组建一批新型投融资工具，成立了注资50亿元的文投集团、担保公司、小额贷款公司、文化创新工厂、投资基金公司，并与国家开发银行、建设银行共同发起成立文化创意产业统贷平台，与工商银行、北京银行等12家银行签订文化金融合作协议，他们每年共提供1200亿元的授信额度，支持北京文化创意产业发展。通过系列组合拳为首都文化创意产业提供创业投资、项目孵化、中小企业担保等投融资服务。其中，北京市文化创意产业基金管理公司建立母子基金联投机制，广开渠道、多方接洽，形成规模15亿元的母基金，坚持走专业化、精品化道路，围绕功能发挥，分别建立了影视动漫、广告传媒、文化艺术等11支专业子基金，基金募集总规模达110亿元。同时，为了确保财政资金发挥杠杆效益，2013年拿出9亿元面向社会公开征集文创项目。经过区（县）初审、专业联审，296个项目获得资金支持，目前已拨付50%的资金，带动社会投资129.3亿元，财政资金杠杆效益达32倍。目前，北京文化创意产业投融资体系已经初见成效。

人才是文化创意产业的创造者、经营者与发展繁荣的第一推动力。随着北京文化市场的繁荣发展，市场中优秀文化人才不断涌现，但体制藩篱依然存在，国有体制内单位多为文化事业，转企改制时间短，人才市场化程度不高；民营企业也存在市场人才储备不足，特别缺乏高端原创人才、管理人才、营销人才等，文创人才结构性短缺问题依然存在。为此，我们通过举办文化创意产业高级人才研修班、建设文创人才基地等举措为领军人才发展创造好的环境、好的氛围。1月22日召开的国务院常务会议提出，文化创意和设计服务具有高知识性、高增值性和低消耗、低污染等特征。依靠创新，推进文化创意和设计服务等新型、高端服务业发展，促进与相关产业深度融合，是调整经济结构的重要内容，有利于改善产品和服务品质、满足群众多样化需求，也可以催生新业态、带动就业、推动产业转型升级。在此背景下，今天的研讨会提出了“深度融合·文化产业的二次腾飞”这一主题，希望各位与会嘉宾畅所欲言，发表真知灼见，为首都文化创意产业的新发展出谋划策。同时，我也希望今天这个活动能够成为您掌握信息、交流思想、增进了解、分享经验、开展合作、推动发展的一个高水平的交流平台。

最后，预祝本次研讨会取得圆满成功！谢谢大家！

在2013和2014年度国有文化企业领导人业绩考核工作部署会上的讲话

市文资办主任　周茂非

（2014年3月12日）

今天我们召开文资办成立以来第一次企业领导人业绩考核工作部署会，这次会议可以说是意义重大、影响深远。对企领处提出的业绩考核办法、绩效薪酬办法和相关实施方案，班子经过了认真的研究，我们认为是切实可行的。现在我就这项工作谈几点意见。

一、要紧密围绕业绩考核指标，大力提升企业经济效益和社会效益

这次考核是真正意义上把社会效益与经济效益都纳入绩效考核范畴，这不同于一般的国有企业对经济指标的考核。文化企业不同于其他国有企业，它既具有经济属性，又具有文化属性。企业在发展时，一定要注重落实“经济效益与社会效益统一，社会效益优先的要求”，在强调文化企业社会责任感的同时，还要追求国有资产的发展壮大。如何提高企业的经济效益，如何提升企业的运行效率，如何增加企业的社会影响力，如何最终促进文化资源的市场化配置，才是我们未来要面对的挑战。绩效考核是“世界性”难题，国资委从成立到现在走了10多年，积累了一定的经验，近几年又实施EVA(经济增加值)考核，但也只是对经济效益的考核，这方面我们结合监管企业的行业特点、发展阶段，提出具有导向性的考核指标就可以。但是社会效益要如何考核，的确是个难题，社会效益的一个突出特点就是有形资产投入，无形资产产出，难以量化考核。我们提出以公众价值指标体系来考核社会效益，就是说根据不同文化业态，围绕“内容主题、覆盖范围、接纳程度和影响力反馈”四个维度八个方面提出相关量化的指标进行考核，是一次创新。

我们考核的目的之一就是要切实提高企业效益，激励企业健康、快速发展。咱们的各位企业负责人要按照刚才赵书记说的考核方案的要求，好好琢磨绩效考核各项指标和企业发展目标，把企业发展的目标和业绩考核的导向两者有机结合起来，力争做到协同一致。

二、要牢牢把握促进国有文化资产保值增值这一核心目标，不断提升企业经营管理水平

十八届三中全会明确提出要以规范经营决策、资产保值增值为重点，进一步深化国有企业改革。今后呢，文资办要切实履行

国有文化资产出资人职责，维护所有者权益，落实国有资产保值增值的责任，这也是李伟部长对文资办的要求。

文资办已经建立并逐步在完善相关的激励和约束机制，激发企业领导人工作的积极性和创造性。企业自己也要抓紧研究提出自己的业绩考核方案。要大力提高经营水平，全力提升管理能力，积极开展业务创新，规范各项经营决策，千方百计调动班子成员、部门经理、各级员工的积极性和创造性，为国有文化资产保值增值献计献策。首先，企业负责人要有保值增值的理念，思想上高度重视、观念上真正转变并付之以具体有效的行动，这是保障国有资产保值增值的根本因素，是内因；其次，保值增值一定要有组织保障，企业要实行领导人负责制，制定目标、分解任务、落实各个环节；最后，就是保值增值还要有行动，不能光说不练，要真刀实枪，真抓实干，企业要建立内部管理人员能上能下、员工能进能出的机制，逐步建立职业经理人制度，实现企业内部充满生机活力、外部具有强势竞争力，又好又快的发展目标。

三、稳中求进，开拓创新的理念要始终贯穿企业发展过程

年前，习近平总书记对北京市的工作作了重要批示，要求“稳中求进，开拓创新”；市委十一届五次全会提出北京作为全国文化中心，要弘扬中华优秀传统文化、荟萃民族文化精华，努力打造中国特色社会主义先进文化之都，这也正是对我们文化创意产业发展的要求。咱们文资办是全国第一家省级国有文化资产监管单位，如何对监管企业进行各项考核，应该说可以借鉴的经验不多，我们看到的是不少兄弟省份来咱们这取经学习，说明文资办的影响力已经开始辐射全国。

大家都知道，咱们的国有文化企业都是2012年、2013年才成立的，正处在发展壮大的成长期，我们必须抓住三中全会文化体制改革带来的机遇，稳中求进，开拓创新，逐渐培育一批实力雄厚、具有较强竞争力和影响力的文化领军企业。既然企业都是新成立的，人员是新的，相关绩效考核机制也是新的，没有负担，大家就要解放思想，甩开膀子，轻装上阵，我们也要拿出壮士断腕的精神，以抓铁有痕、踏石留印的狠劲，去开拓，去创新。今年我们可以大胆尝试的地方不少：比如如何推进混合所有制？如何实现国有文化企业上市？我们鼓励企业，尤其条件成熟的企业，先行试行混合所有制经济，探索国有资本、集体资本、非公有资本交叉持股、相互融合的所有制模式，探索上市的实现路径，实现各种所有制资本取长补短、相互促进、共同发展。

2014年我们将按照李部长对我办提出的“探索、完善、服务、开拓”八字工作方针，紧紧围绕“监管服务两手并举、投资消费双轮驱动、国际国内两个市场、国企民企共同发展”的工作思路，继续做好服务、协调、管理工作，建立公开、公平、公正的考核评价机制，履行出资人职责，促进国有资产保值增值，实现北京文化产业大发展大繁荣。

在市文资办党委深化群众路线教育实践活动成果开展“三要三不要”主题教育活动动员部署会上的讲话

市文资办党委副书记　赵磊

（2014年4月1日）

召开今天这次会议，主要目的是深入学习贯彻市委常委、宣传部长李伟同志到市文资办调研时的讲话精神，进一步深化党的群众路线教育实践活动成果，在市文资办全体干部职工中部署开展“要笑脸不要冷面，要感恩不要抱怨，要担当不要推诿”的“三要三不要”主题教育活动。下面，我就开展好这次活动讲三点意见。

一、充分认识开展“三要三不要”主题教育活动的重要意义

（一）开展“三要三不要”主题教育活动是学习贯彻李伟同志3月6日调研讲话精神、以高素质干部队伍高质量推进下一步工作的根本要求

3月6日李伟同志到市文资办新办公楼来慰问调研，并作了重要讲话。

李伟同志对文资办成立以来所做的工作给予了充分肯定，认为工作开展得有声有色，取得了重要的阶段性成果，全体干部表现出攻坚克难、开拓进取的良好作风。给了我们很高的评价，让我们深受鼓舞。结合首都文化改革发展的形势要求，李伟同志对文资办下一步工作提出了更高要求。重点提了四个方面：一是抓好国有文化资产监督管理，李伟同志明确提出会尽快研究确定文资办的资产监管范围；二是协助做好文化体制改革工作；三是着力推动文化产业规模化、集约化、专业化发展；四是在投融资服务体系建设方面做出示范。可以说，对我们文资办是寄予厚望的，我们的发展空间很大，任务也很重。为保证高质量完成任务，李伟同志专门就干部队伍建设提出三点要求，“不做衙门做平台、提升服务水平”，“不做官僚做公仆、加强作风建设”，“不求小利求大义、筑牢思想阵地”，形成一支政治强、业务精、作风正、纪律严的干部队伍。

“不做衙门做平台”，针对文资办的定位，要做服务平台；“不做官僚做公仆”，针对我们自身的定位，要做人民公仆；“不求小利求大义”，强调我们工作的定位，或者说工作的价值追求，要把社会效益放在首位。这三句话简练而全面，对我们有很强的指导意义。为了贯彻落实李伟同志的讲话精神，结合我们的工作实际，办党委决定在机关和直属企

事业单位开展“要笑脸不要冷面，要感恩不要抱怨，要担当不要推诿”的“三要三不要”主题教育活动，根本目的是为了加强我们的干部队伍建设，打造一支高素质的干部队伍，高水平履行职责，高质量推动工作，不辜负市领导对我们的信任。

（二）开展“三要三不要”主题教育活动是学习贯彻习近平总书记系列重要讲话精神、提升干部队伍思想政治素质的根本要求

学习贯彻习近平总书记系列重要讲话精神是当前的首要政治任务，市委通过中心组学习、干部轮训方式，正在全市开展集中的学习。

习近平总书记的系列讲话精神集中体现了新一届党中央治国理政的思想要求，是我们指导实践、推动工作的强大思想武器，同时也展现了习近平总书记真挚深厚的为民情怀、实干兴邦的崇高风范和勇于担当的精神品格。在干部队伍建设方面，习近平总书记作出了一系列重要论述。比如，提出好干部“信念坚定、为民服务、勤政务实、敢于担当、清正廉洁”的20字标准，我们去年专门组织了好干部大讨论。针对机关党建，提出了“走在前、作表率”的总要求，要求机关党建要“走在党的基层组织建设的前头”，各级机关党组织要“努力做落实中央决策的表率、服务人民群众的表率、推动改革创新的表率、注重强基固本的表率、弘扬清风正气的表率”。最近又提出“三严三实”，要求各级领导干部“既严以修身、严以用权、严于律己，又谋事要实、创业要实、做人要实”。针对北京的工作，习近平总书记前段时间在北京视察工作时作了重要讲话，对北京作为文化中心的战略定位进行了强调。办党委开展这次“三要三不要”活动，就是为了更好地学习贯彻习近平总书记的重要讲话精神，提升干部队伍的思想政治素质，为首都文化建设贡献更大力量。

（三）开展“三要三不要”主题教育活动是进一步深化党的群众路线教育实践活动成果、始终保持干部队伍良好作风的根本要求

目前，党的群众路线教育实践活动第二批正在进行，我办作为第一批单位，活动虽已结束，但按照习近平总书记所说的，教育实践活动结束了，但“贯彻群众路线没有休止符，作风建设永远在路上”。文资办党委教育实践活动经过为期七个多月的扎实开展，取得了阶段性成果，党员干部的宗旨意识得到进一步增强，作风得到进一步改进，同时建立了一系列的制度机制。但这只是阶段性的成果，还要在总结经验的基础上，进一步巩固和深化教育实践活动成果，始终保持干部队伍的良好作风。启动“三要三不要”活动，就是继续深化教育实践活动成果的具体举措。

二、准确把握“三要三不要”的主要内涵

“三要三不要”是这次活动的主题，主要强调了“服务、修养、责任”六个字的内涵。

（一）要笑脸不要冷面，强调“服务”二字

笑脸代表热情服务，冷面代表冷漠官僚。在和群众打交道时，是笑脸还是冷面，体现了是否具有服务的意识，而有没有服务意识则取决于对自身的定位。李伟同志强调文资办不是衙门、是服务平台，我们不是官僚，是公仆，这就是对我们文资办和全体同志的定位。我们不是官老爷，是服务员，要摆正自己的位置，为文创企业、文创从业人员、文化消费群体也就是广大群众做好各项服务。不仅机关干部，事业单位和企业的同志也要强化服务意识，建政策平台、投融资平台、建创新工场等，都是要为文创企业做好服务。我们做服务要真诚、热情、实实在在，不能光挂在嘴皮子上，不干实事。服务也要体现在工作的各个层面、各个环节。政策制定要考虑服务群众、服务企业，日常工作中的待人接物、咨询解答都要以服务的姿态，特别是对一些非公企业，不要觉得自己能管着别人，要调整好心态，转变观念，去做好服务。也只有强化了服务意识，才能沉下心来研究解决问题，提高服务的水平。为企业服务好了，企业满意了、发展了，我们工作的价值也就实现了，文资办也就树立了更好的威信和形象。

（二）要感恩不要抱怨，强调“修养”二字

修养是一个人思想境界、道德水平和意志品质的综合体现。作为一名党员，要以党性修养的标准对自己提出更高要求。刘少奇《论共产党员的修养》这篇文章，对共产党员应该有什么样的修养、怎么进行修养等，进行了系统论述，希望大家好好读一读。今天讲要感恩不要抱怨，实质上也是一个修养的问题，进一步说是党性修养的问题。我们有的同志经常抱怨，有这么几个层面的表现：一是对国家、对北京、对文资办发展中出现的一些问题抱怨，缺少坚定的理想信念和发展信心；二是对涉及个人利益的一些问题抱怨，发牢骚，比如对收入低、干活多抱怨等，缺少牺牲奉献的精神；三是对同事日常相处中的一些问题抱怨，人际关系搞不好，缺少对同志的深厚情谊。这些抱怨，根本上是因为修养不够，长此以往，就会形成负面心理，也会影响同事的情绪。在心理学上有一个故事，讲的是父亲在公司受到了老板的批评，就会到家就把沙发上跳来跳去的孩子臭骂一顿，孩子心里窝火，就狠狠去踹身边打滚的猫。猫逃到街上正好一辆卡车开过来，司机赶紧避让，却把路边的孩子撞伤了。这就是心理学上著名的“踢猫效应”，讲述的是一种典型的坏情绪的传染。联系到我们干部职工，永远不要做那个有着坏情绪的“踢猫人”，要尽量减少或消除抱怨，懂得感恩情怀。要感

恩组织的培养，感恩文资办这个广阔的发展舞台，感恩与志同道合的同事们一起工作奋斗的点点滴滴。有了感恩的心，满足感和幸福感就会增强，工作也就有了更大的动力，也会形成更强的合力。

（三）要担当不要推诿，强调“责任”二字

敢于担当是一种可贵的人格品质，体现了对根本原则的不放弃、对矛盾困难的不回避，对个人得失的不计较。清代学者山阴金先生曾讲：“大事难事看担当，逆境顺境看襟度。临喜临怒看涵养，群行群止看识见。”从中也强调了担当的深刻内涵。同时我们也要认识到，敢于担当也是我们党的优良传统，是共产党员的鲜明品格和必备素质，是习近平总书记提出的好干部的重要标准。2014年3月1日，刘云山同志在中央党校2014年春季学期开学典礼上，专门对“领导干部要敢于担当”作了全面、系统而深刻的阐释，大家抽时间仔细读一读。之所以强调担当的重要性，是因为对于文资办这个新成立且担负着重要职责的单位来说，今年各项工作任务十分繁重，压力很大，大家只有敢于担当，才能敢于创新，只有敢于担当，才能敢于实践，只有敢于担当，才能确保全年目标任务的完成。为此，大家在工作中都要有充分认识到这一点，让担当成为一种精神、一种态度和一种习惯，敢于主动承担文化改革发展中的重要职责任务，坚持做到遇工作不拖、遇问题不绕、遇矛盾不躲、遇批评不推，以“事不避难，舍我其谁”的气度，推动各项工作的落实。

三、扎实开展好“三要三不要”主题教育活动

（一）高度重视，精心组织

这次主题教育活动，在文资办机关及所属企事业单位全体干部职工中开展，为期一年，包括组织学习、论坛交流、活动总结三个环节。这次活动是今年文资办加强干部队伍建设的一项重要工作，活动成果最后要报到市委宣传部。各单位、各部门要高度重视，领导干部要带好头，发挥好表率作用，全体干部职工要积极参与，以此为契机进一步提升服务能力、素质修养和担当精神，进一步增强“六种意识”、“五种精神”。通过这次活动，努力把文资办的队伍建设成一支政治强、业务精、作风正、纪律严的高素质队伍。

（二）把握原则，增强效果

开展这次主题教育活动，要把握好原则方法，努力做到“三个结合”。一是与加强学习结合起来，在学习李伟同志讲话精神的同时，要学习工作所需的各种理论业务知识，特别是要认真学习十八届三中全会精神、习近平总书记系列重要讲话精神以及市委部署全面深化改革的有关精神，学习推动文化产业发展的相关政策和知识，夯实理论基础，提高业务能力。二是与党的群众路线教育实践活动的经验成果结合起来，既吸取教育实

践活动中的经验做法，又要巩固和深化教育实践活动的成果。三是与本单位、本部门的中心工作、业务工作结合起来，围绕中心工作，融入业务工作，统筹兼顾，互相促进。

（三）落实责任，强化保障

这次活动要一级抓一级、一级带一级、层层抓落实。办党委已经制定了总体方案。各单位、各部门要依照总体方案要求，结合部门实际，以支部为单位，制定具体方案，落实具体措施。各单位、各部门的负责人要作为第一责任人，组织好本单位、本部门活动的开展。强化责任管理，对组织不力、落实不够的单位及部门，要进行通报批评，对违反“三要三不要”要求的干部职工，要进行诫勉谈话，问题严重的，要追究相应的责任。综合处、企领处、党群处、宣传信息处、机关党委作为本次活动的责任部门，要明确工作分工，加强沟通协作，做到无缝衔接，协调配合开展好本次活动。其他处室、单位要紧密配合。通过精心组织部署、扎实有序开展，确保这次主题教育活动不虚、不空、不偏、不走过场，取得实实在在的效果。

在市政府第39次常务会议上的工作汇报

市文资办主任　周茂非

（2014年4月22日）

3月6日，中央政治局委员、国务院副总理刘延东在《通过功能区建设推动北京文化创意产业转型发展》（国务院发展研究中心调查研究报告《择要》2014年第16号）上作出重要批示，要求北京市通过产业协作、产业融合，培育产业集群，实现转型升级，在文化创意和设计服务中发挥带头引领作用。金龙、安顺同志相继作出批示，晓超同志要求市文资办抓紧贯彻落实。各级领导的批示为新时期推动首都文创产业科学发展指明了方向。

市文资办近期召开专题会议，深入学习领会各级领导批示精神，研究提出了推动文创产业转型发展的工作设想，即围绕文化中心定位，创新思路、深化改革，健全现代文化市场体系；挖掘利用文化资源，加强产业协作与产业融合，构建完善现代文化产业体系；推动形成分工合理、重点突出、各具特色的文创产业空间布局，培育产业集群。在工作步骤上，拟以发布实施《北京市文化创意产业功能区建设发展规划（2014—2020年）》、《北京市文化创意产业提升规划（2014—2020年）》为抓手，率先推动文创功能区建设，提升产业发展质量和内涵，切实将领导批示精神落到实处。

一、总体考虑

编制文创功能区规划和产业提升规划是落实各级领导批示的有力举措，是适应首都发展改革新形势的必然要求，是完善本市文创产业发展顶层设计的现实需求。

当前，首都文创产业发展面临新的机遇和挑战。习近平总书记视察北京时进一步明确了北京“四个中心”的城市战略定位，为强化首都全国文化中心功能，推进文创产业快速发展开辟了广阔空间。近年来，本市文创产业增速下滑趋势明显，产业结构性矛盾长期存在，核心内容产业比重不高，区域发展缺乏统筹等问题比较突出。面临新的形势和任务，有必要加强全市规划统筹，推动文创产业稳增长、调结构、上水平。编制的文创功能区规划和产业提升规划既整体统筹，又各有侧重。其中，文创功能区规划主要侧重优化产业空间布局，通过明确区域发展特色、功能定位及产业主攻方向，引导资源整合，推动错位发展，避免同质化竞争，形成全市一盘棋的良性发展格局；文创产业提升规划主要立足于提升产业质量，增强产业实力，进一步明确今后一个时期的发展思路、目标和对策。两项规划互为补充、双向促进，共同构成较为完整的规划框架体系，并与国民经济和社会发展规划、城市总体规划、土地利用总体规划、主体功能区规划等相衔接。

二、规划编制情况

2013年以来，市文资办组建工作团队，深入各区（县）和文化企业开展大量调查研究，会同研究机构进行充分论证。结合学习贯彻领导同志批示精神，进一步充实完善规划文本，并向士祥、李伟、晓超同志作了专题汇报。侯玉兰副秘书长近日主持召开会议，就规划内容专题听取发展改革、规划、国土等多家部门的意见。市文资办召开会议征求了各区（县）的意见，并书面征求了相关部门的意见。目前，两项规划文本历经80余次修改，已基本成熟。

（一）文创功能区规划

1. 主要特点

（1）该规划是按照《文化部“十二五”时期文化产业倍增计划》要求，编制的全国第一个省级文创产业空间布局规划，已列入2014年市政府折子工程。文创功能区拟以全市30个市级文创集聚区和国家文化园区为主要载体，借鉴中关村“一区多园、政策覆盖”的发展模式，跳出单一园区限制，着重加强各园区产业协作，培育具有国际竞争力的产业集群。

（2）规划首次明确了全市文创产业错位发展的空间格局。在全面梳理各区域产业资源禀赋和比较优势的基础上，既统筹各区（县）情况，又突出全市整体工作；既兼顾局部利益，又聚焦整体发展；既体现区域特色，又顾全发展大局，进而推动全市文创产业布局优化调整。

（3）规划提出了产业融合、区域融合相统一的思路。规划把握文化科技融合、文化金融融合两大主线，驱动全市文创产业优质高效发展。在空间上突破行政边界限制，在更大范围内统筹整合资源，推动关联区域协同发展。通过推动文创功能区建设，引领辐射津冀地区，促进产业链分工合作，推动首都经济圈联动发展。

2. 规划目标

拟通过规划建设文创功能区，推动文创产业发展从园区经济向区域经济转变，从行业发展向融合发展转变，从综合性政策向“共性＋个性”的政策体系转变，从政府扶持向市场主导转变。到2020年规划建设20个文创功能区，总规划面积441.56平方公里（不含历史文化和生态旅游功能区），约占全市平原面积6.5%。完善“一区多点、政策覆盖”空间结构体系，形成全市文创产业特色化、差异化、集群化发展的良好态势。产业集聚、辐射带动作用进一步彰显，力争创造全市80%以上的文创产业收入。

3. 核心内容

规划提出，构建“一核、一带、两轴、多中心”的空间格局和“两条主线带动、七大板块支撑”的产业支撑体系。

一核：是以首都功能核心区为空间载体的“中心城文化核”，依托首都历史文化和金融、总部资源，扩大北京文化、中华文明的影响力和辐射力。

一带：是以中关村海淀园和石景山园为核心，向东延伸至朝阳电子城，向南延伸至丰台科技园、大兴国家新媒体产业基地和亦庄经济开发区的“文化科技融合带”，是北京市高新技术产业和科教资源最丰富的集中带，是落实文化科技“双轮驱动”战略的主阵地。

两轴：是沿长安街延伸的东西轴和沿城市中轴线的南北轴。东西轴线利用创新和创意资源，着重提升“北京创造”中文创产业的数量和质量，南北轴线着重提升“北京服务”中文创产业的生产性服务业功能。

多中心：是以功能区和分片区为中心，辐射带动周边区域文创产业整体发展和文化内涵提升的重要节点。如天竺文化保税功能区、音乐产业功能区中的中国乐谷片区等。

两条主线：把握产业融合发展趋势，规划提出以文化科技融合、文化金融融合两大主线贯穿文创功能区建设发展各环节，驱动全市文创产业又好又快发展。重点规划建设文化科技融合示范功能区、动漫网游及数字内容功能区和文化金融融合功能区。

七大板块：结合全市文创产业发展重点，主要规划了文化艺术、传媒影视、出版发行、设计服务、文化交易、会展活动、文化休闲等 7 个功能区板块，包括天坛—天桥核心演艺功能区、CBD—定福庄国际传媒产业走廊功能区等 17 个功能区。

在规划保障上，提出构建“一揽子基础认定政策，七项综合保障措施，若干个性发展策略”（“1+7+N”）的综合保障体系；在实施路径上，鉴于各功能区发展情况不一，拟先期遴选出若干行业特色鲜明、要素资源丰富、服务平台完善、企业发展良好、社会效益显著的区域，加快建设文创功能区示范区，并以“典型试点、循序渐进、逐步推开”的方式引领带动全市文创功能区整体发展。今年，计划率先启动天竺文化保税功能区、CBD—定福庄国际传媒产业走廊功能区、北京国家数字出版基地等重点功能区和分园区建设。

（二）文创产业提升规划

1. 主要特点

（1）按照产业特点和共性梳理发展思路。规划立足于全市文创产业分类，认真研究分析行业特点、发展规模和未来趋势，将产业主要梳理为传统行业、优势行业、融合业态三大领域，明确各自发展重点和扶持方向。

（2）突出强化产业融合和协作的发展理念。顺应文创产业结构优化升级与融合发展趋势，规划提出重点推动文化与科技、金融及其他领域融合发展。把握京津冀一体化发展机遇，提出优化产业分工，加强产业协作，推动区域协同发展。

（3）强调提升创意水平，推动文创产

业创新发展。规划着眼提升全市文创产业发展质量和竞争力，强调鼓励原创作品创作、开发、制作与传播，支持行业关键技术研发活动等。

2. 发展目标

围绕文化中心定位，挖掘利用首都这张中华文明金名片优势资源，加强产业协作与产业融合，推动文创产业转型发展。到 2020 年，构建起富有首都特色的“3+3+X”文创产业体系，产业支柱地位更加巩固，成为支撑本市低碳发展、绿色发展、创新发展的核心引擎，推动首都建设成为中国最具活力的文化创意名城、在世界具有重大影响力的著名文化中心，城市文化氛围浓郁，创新活力四射，环境和谐宜居。文创产业增加值占地区生产总值比重达 15% 以上。

3. 核心内容

按照因业施策原则，规划着重明确了传统行业、优势行业和融合业态三大领域发展思路，并深化提出各行业发展举措。

传统行业：针对文化艺术、广播影视、新闻出版三大传统行业，重点加强扶持原创和精品生产，创新网络文化服务模式，繁荣文学、艺术、影视、音乐创作和传播，积极鼓励文化输出。创新体制机制，加快培育多元化市场主体，激发国有企事业单位经营活力，鼓励混合所有制企业和非公企业发展。其中，在文化艺术行业，主要鼓励精品和原创作品，支持多种市场主体协同发展，统筹文化设施资源，开拓文化演艺消费市场；在广播影视行业，重点鼓励“制播分离”等改革创新，推动产业数字化转型，推进关键影视资源集聚发展，提高品牌活动影响力；在新闻出版行业，进一步完善出版市场体系，推进新兴出版业态发展，加大版权保护力度，加快出版行业走出去步伐。

优势行业：针对广告会展、艺术品交易、设计服务三大优势行业，加快推进商业模式与营销模式创新，通过政策扶持、平台建设和主体培育，汇聚各类创新要素，让一切知识、技术和专业服务的活力竞相迸发，让一切有助于文化内涵提升、创意塑造的源泉充分涌流。其中，在广告会展行业，重点支持跨媒体综合运营，吸引各类行业高端要素汇聚，提升专业服务能力和活动影响力；在艺术品交易行业，丰富艺术品展示及价值实现渠道，规范艺术品交易市场，推动艺术品交易电商化和金融化；在设计服务行业，塑造“设计之都”品牌，培育和吸引优秀设计主体，搭建产业创新平台，加强设计教育培训。

融合业态：规划提出，充分发挥文化引领作用，推动文化与科技、金融深度融合发展，逐步改变传统生产与消费模式，转变传统增长机制，促进文创产业链条向价值链高端攀升。推动文化与旅游、体育、商务、农业、制造业等行业的双向融合，提升产业文化内涵，促进产业结构、产业链条和产业形态创新。在文化科技融合方面，重点推动动漫游戏、移动互联网应用、视听新媒体、3D 打印、绿色印刷等行业发展壮大。在文化金融融合方面，大力发展文化消费金融，丰富文化信贷产品，加快文化投融资服务体系建设，支持企业直接融资。加快推进文化与其他相关行业的融合，培育文创产业新的增长点，如充分挖掘首都文化资源，大力发展文化旅游。开发利用体育设施为举办展会、演出、赛事等提供支撑，促进文化体育服务和产品创新。推动文化与商务全面对接，加快构建新型文化产品服务流通网络，培育首都现代文化商贸服务体系。促进工业设计向高端综合设计服务转变，提升制造业的文化附加值，实现“北京制造”向“北京创造”转变。提高农业领域的创意和设计水平，推动创意农业、都市休闲农业发展。

三、关于产业发展目标的说明

《中共北京市委关于发挥文化中心作用加快建设中国特色社会主义先进文化之都的意见》（京发〔2011〕28号）提出，到2020年首都文创产业增加值占地区生产总值比重力争达到18%。自2008年以来，本市文创产业增加值增速已由33.5%下滑至9.1%，进入增速换挡期。同时，产业增加值占地区生产总值比重始终在12%左右，未能形成突破。根据目前的发展形势，要实现既定目标，任务十分艰巨。对此，市文资办会同市统计局进行了深入研究。结合近年来文创产业增加值与地区经济发展联动趋势分析，预测2020年本市文创产业增加值占地区生产总值的比重为15%左右。考虑到文化金融融合、文化科技融合日益深化，专项政策促进等利好因素，占比可能有一定提升空间。此外，市文化体制改革专项小组新近制定的《关于深化文化体制改革发挥全国文化中心示范作用的工作方案》中，已将文创产业增加值占比目标调整为15%。

综上，规划将产业发展目标设定为：到2020年，文创产业增加值占地区生产总值比重达到15%以上。

在市文资办与中国人民银行营业管理部文化金融战略合作协议签约仪式上的讲话

市文资办主任　周茂非

（2014 年 5 月 8 日）

尊敬的李伟部长、李超主任，各位领导和同志：

大家上午好！市文资办与中国人民银行营业管理部签订战略合作协议，将携手共促首都文化金融深度融合。首先，我谨代表北京市文资办，对人民银行营管部长期以来对北京文化创意产业的支持，表示衷心的感谢！

人民银行营管部是中国人民银行在北京的派驻机构，长期以来在维护首都金融稳定、支持首都经济又好又快发展方面发挥了重要作用。市文资办是全国首家正局级国有文化资产监管机构，于 2012 年 6 月成立。近年来，北京立足于全国文化中心定位，积极落实中央领导关于“为全国创造经验”的系列指示要求，于 2011 年 12 月颁布了《关于发挥文化中心作用、加快建设中国特色社会主义先进文化之都的意见》。《意见》明确指出：“创新文化管理体制。按照管人管事管资产管导向相结合的要求，组建国有文化资产监督管理机构，统筹规划和实施文化改革发展相关工作，负责文化投资、资本运作、国有文化企事业单位资产管理及文化创意产业园区、重大文化项目、重点文化工程的规划立项和组织实施。建立健全党委领导、政府管理、行业自律、社会监督、企事业单位依法运营的文化管理体制和富有活力的文化产品生产经营机制。”

党的十八届三中全会提出，要“建立多层次文化产品和要素市场，鼓励金融资本、社会资本、文化资源相结合”。这为我们在文化金融领域大胆探索，提供了新的理论基础。金融是经济“血液”，文化是经济的灵魂。文化金融合作具有广阔前景。北京是全国文化中心，文化创意产业蓬勃发展，其增加值连续多年超过批发零售业、房地产业、商务服务业、交通运输业等行业，成为仅次于金融产业的第二大产业。第一、第二支柱产业深度对接、紧密融合，理所应当、势所必然。

文化产业虽然前景可观，但目前仍有一些瓶颈问题亟待突破。长期以来，由于文化产业意识形态属性以及文化企业“轻资产”特点，文化企业融资难、融资贵问题，一直没有得到有效解决。北京市文资办成立以后，在促进文化金融融合上，做了一些有益探索，我们除了加强政银企信贷对接之外，还成立了注册资本50亿元的北京市文化投资发展集团，这既是首都文化投融资平台，也是首都国有文化资本配置平台。在此基础上，我们相继发起设立了北京市文化投资基金，目前规模已达110亿元规模，成为中国最大的文化产业投资基金；发起设立了注册资本15亿元的文化担保公司；发起设立了注册资本2亿元的文化小贷公司；发起设立了针对中小文化企业融资的统贷平台；发起设立了促进文化与资本对接的文化创新工场和文化置业公司。这一系列文化金融组合拳，为首都各类文化企业搭建起了包括信贷、担保、小贷、基金投资、融资租赁在内的系列金融服务，为文化金融融合进行了积极探索和创新尝试。

文化金融合作，互利互惠、利己为人。建立战略合作，在更高起点上推动深度融合，需要明确目标、建立机制。为此，根据实现的共识和交流提出如下倡议。

一是确立“一个示范区”。利用各自资源，在北京高水平规划创建“文化金融合作试验区”，制定包括资金、财税、土地、人才等在内的先行先试政策，推动“文化融资担保、文化融资租赁、文化小额贷款、文化投资基金、文化信托、文化保险、文化银行”等集聚发展，推动北京成为中国文化金融创新中心、服务中心、示范中心。

二是创建“六大平台”。大力建设和完善文化金融中介服务体系，将北京打造成为全国文化投融资平台、文化项目孵化平台、文化企业信用评价平台、文化要素配置平台、文化金融人才集聚平台、文化金融信息传播平台，使北京成为全国文化资本运作中心、文化产权交易中心、文化要素配置中心、文化人才交易中心、文化产业信息发布中心。

三是建立“六大合作机制”。加强沟通交流，共同建立“固定联系机制、定期会商机制、工作督导机制、人才交流机制、信息共享机制”，使双方在信息、资源、渠道领域互通有无，以机制保障文化金融融合进程规范化、常态化、科学化和持续化。

最后，祝愿合作结出丰硕果实！谢谢大家！

在市文资办与中国光大银行北京分行文化金融战略合作协议签约仪式上的讲话

市文资办主任　周茂非

（2014 年 5 月 15 日）

尊敬的唐双宁董事长、赵欢行长，尊敬的杨晓超副市长，各位领导、各位来宾，媒体朋友们：

今天是个好日子！中国光大银行北京分行与北京市文资办正式签订文化金融战略合作协议。这样的合作，不仅有利于实现优势互补、互利双赢，而且有助于形成基于战略考量的文化金融新业态、新生态，和推进文化金融体制机制改革的新思路、新样式。对此，我们有理由充满期待和信心！

我们的期待和信心源自文化创意产业正处于发展的黄金机遇期。当前，文化创意产业发展势头有目共睹。从影视产业看，《泰囧》、《中国合伙人》、《致青春》等影片收获数倍乃至数十倍投资回报率。正在筹拍的影片《鬼吹灯》，受到万达文化集团、华谊兄弟、光线传媒等企业青睐，预计票房突破 20 亿元。根据业界动向，今年全国票房预计冲高到 300 亿元，增速可达 38.25%；从出版领域看，数字出版异军突起，2010 年全国产值为 1051 亿元，2013 年已达 1935.49 亿元，实现了两年翻一番。传统出版稳步发展，磨铁图书这一最大民营出版企业，自 2007 年底创立以来，仅用时 5 年，年收入增至 8.6 亿元，年复合增长率达 145%；从互联网产业看，其快速发展的根本原因是文化需求的驱动。2013 年移动互联网产值达 1650.4 亿元，今年可达 1940.7 亿元。目前，移动互联网的重要产品——手机游戏已成为资本追逐的热点。据统计，手机游戏股票市盈率普遍在百倍以上。文化消费是新涌现的经济增长点，有数据显示，全国文化消费市场有 3 万亿元发展空间。根据去年我们的保守估算，首都文化消费市场也有约千亿元的发展规模。这些简单的数字，既预示着文化发展迎来了黄金期，也为金融机构创造了发展良机。

我们的期待和信心源自文化与金融越来越紧密的融合态势。只有插上金融的翅膀，文化创意产业才能在更高起点上实现跨越发展。为打通金融流向文化肌体的血脉，缓解文化企业融资难问题，国家和地方政府已经做了许多有益尝试，取得了积极成效。截至 2012 年初，全国共有文化产业投资基金 111 支，总规模超过 1300 亿元，保守估计撬动市场规模达 4000 亿元。2012 年以来，北京市在全国率先搭建文化投融资体系，成立了文化投资集团、文创基金管理公司、文创统贷平台、文化科技担保公司、文化小额贷款公司、文化创新工场、文化基金产业园等要素，还将组建文化融资租赁公司。其中，文创基金管理公司已经成立了影视、动漫等11支子基金，募集总规模达到110亿元，储备了一批具有相当投资潜力的优质项目。

我们的期待和信心源自中国光大银行在投融资领域的专业素养。光大银行具有金融领域全牌照资质，在综合经营、公司业务、电子银行业务等方面具有较强的竞争优势，创造了投行业务、企业年金、电子银行、资金结算等多项行业第一，连续三年被评为“年度最具创新能力银行”，在英国《银行家》杂志“世界1000家大银行”评选中位列第80位。特别是在此次协议签订中，光大银行也表现出了良好的职业素养和坚定追求。一方面，把我们北京市文资办列为“最重要客户”和“长期战略合作伙伴”，充分体现了对首都文化改革发展成效的认同和重视。另一方面，为首都文化企业提供一揽子融资服务方案，包括采取企业兼并重组、直接投资及股权私募、信托理财、资产证券化、银团服务等措施，都将为首都文化企业成长注入新动力。

各位领导、各位朋友，融合发展是大势所趋，文化金融已经呈现出“你中有我、我中有你”的融合形态。顺应趋势、珍惜机遇，充分发挥市场对于资源配置的决定性作用，以金融资本为纽带实现强强联合、优化组合，具有重大意义。北京市文资办将坚决落实协议，以高度的责任感和使命感，积极开展全方位的合作服务，为促进首都文化创意产业发展贡献力量。

最后，预祝合作取得圆满成功！

谢谢大家！

在第三届京交会北京主题日活动上的讲话

市文资办主任　周茂非

（2014 年 6 月 1 日）

尊敬的房爱卿副部长、程红副市长，各位来宾，朋友们：

5 月 27 日，市政府印发了关于《北京市文化创意产业功能区建设发展规划（2014—2020 年）》和《北京市文化创意产业提升规划（2014—2020 年）》的通知（京政发〔2014〕13 号）。文件围绕坚持和强化首都核心功能，发挥全国文化中心作用，通过完善顶层设计，统筹引导全市文创产业健康发展。文件中，功能区规划侧重优化产业空间布局，产业提升规划侧重优化产业质量和内涵。

作为全国第一个省级文创产业空间布局规划，功能区规划首次提出了“一核、一带、两轴、多中心”的空间布局和“两条主线带动、七大板块支撑”的产业支撑体系。到 2020 年，北京市将建设 20 个文创功能区。在实施路径上，坚持“典型试点、循序渐进、逐步推开”的原则，先期建设功能区示范区，进而推动形成差异化、特色化、集群化发展态势。

一是推动差异化发展。各区（县）在行业细分、产业链环节上形成错位，构建分工合理、重点突出的产业布局。如东城、西城的天坛—天桥核心演艺区重点支持剧目创作、展演，培育演艺总部和文化艺术经纪代理等。怀柔区发展电影剧本创作、拍摄、制作、交易等，推动影视综合服务类机构、企业和相关要素资源集聚。

二是推动特色化发展。在差异化布局基础上，进一步强化各区（县）文创主导产业，实现重点突破，推动向“专、精、特、新”转型，即在发展方式上，不搞多而杂，但求专而精；不搞大而全，但求特而新。

三是推动集群化发展。采取“一区多园、政策覆盖”方式，加快培育壮大产业集群，完善产业链、供应链和服务链，推动区域资源整合和产业协作，辐射带动周边地区发展，促进文创产业由园区经济向区域经济转变。

产业提升规划着力推动首都资源优势转化为产业优势，构建完善“3+3+X”文创产业体系，进一步巩固提升文创产业支柱地位。到 2020 年，力争全市文创产业增加值占地区生产总值比重达 15% 以上。

一是利用传统文化优势，提升产业内涵。挖掘北京深厚的历史文化积淀，发挥首都中华文明金名片作用，聚合京味文化，丰富文创产品和服务内涵。重点打造品牌文化企业，培育自主文化品牌。

二是利用科技和金融优势，深化产业融合。借助首都全国科技创新中心、金融总部资源，重点支持动漫游戏、移动互联网应用、视听新媒体等文化科技融合业态发展；开展文化金融创新，使金融血液充分润泽文创产业，进一步激发文化创新活力。

三是利用人才智力优势，提升核心竞争力。发挥北京文化机构、文化企业、高校院所和中关村人才特区优势，创新国有文化单位人才激励机制，加快培养领军人物和营销贸易、资本运营、文化科技创新类人才，大力吸引国内外高端人才来京发展，为文创产业发展提供不竭动力。

规划发布只是第一步，实现描绘的良好愿景，尚需各方关心、支持和参与。让我们携起手来，共同推动首都文创产业又好又快发展。

谢谢！

在市政府第52次常务会议上的工作汇报

市文资办主任　周茂非

（2014年8月21日）

2012年3月，文化部正式命名国家对外文化贸易基地（北京）（以下简称“基地”），拟以部市共建形式搭建我国文化产品和服务贸易平台，通过探索政策和管理模式创新，推动文化贸易发展，并为全国文化贸易发展探索有益经验。近年来，基地在文化部等中央部委的大力支持下，各项建设工作扎实推进。新时期，为加快推动基地建设发展，进一步提升北京乃至全国文化产品和服务的国际竞争力，文化部拟会同我市联合发布《关于加快国家对外文化贸易基地（北京）建设发展的意见》。

前期，在市委宣传部的指导下，市文资办牵头在原歌华集团保税园区规划基础上研究起草了《意见》初稿。先后两次征求了文化部有关司局、市相关委办局和顺义区政府的意见，并报市委宣传部李伟部长、杨晓超副市长审阅同意。近日，经与文化部、市委宣传部和北京海关沟通，为明确相关政策覆盖范围，确保政策切实可行，特在《意见》中增加了基地空间布局的有关内容，同时对相关政策表述进行了整合。现将有关情况报告如下。

一、总体思路

依托天竺综合保税区政策优势，以基地为建设载体，加强体制机制创新和规划政策引导，统筹国际国内两个市场、两种资源，统筹对外文化交流与文化贸易，探索文化贸易发展新模式，使基地成为我国文化走出去的桥头堡和主阵地。在基地建设过程中，必须坚持发挥市场在文化资源配置中的积极作用，坚持统筹协调和整合央市资源，坚持出口导向和开放合作，推进世界先进文化与我国优秀文化融合发展。在空间布局上，主要依托北京天竺综合保税区，建设国际文化贸易企业集聚中心、国际文化产品展览展示及仓储物流中心、国际文化商品交易服务中心等三个功能区域，总占地面积235.3亩。

二、主要内容

（一）关于发展目标

基地中长建设发展目标拟分两步走：一是到2016年，基地建设基本完成，文化贸易口岸初步形成，文化贸易体制机制更加完善，文化贸易总量明显增长。二是到2020年，基地在艺术品、影视、设计和信息服务等领域形成2 ~ 3个拥有较强国际竞争力的文化创意产业集群，掌握一批关键核心技术和标准，培育一批具有国际影响力的文化企业品牌和产品品牌，建立一批具有较强辐射力的国际文化交易平台。基地对外文化贸易额占全国比重大幅提高，在国际文化竞争与合作格局中作用更加凸显，成为集文化贸易口岸、协同创新平台、企业集群式发展于一体的国家级文化贸易示范区。

（二）关于主要任务

《意见》提出了七项任务：一是加快基础设施建设，推动基地三个中心建设进程，完善基地内信息基础设施。二是争取设立国家文化艺术口岸，完善、提升天竺综保区口岸在文化艺术产品进出口方面的专业功能，推动国家级文化艺术口岸的申报工作。三是大力发展国际版权贸易，支持代表中华优秀文化、具有自主知识产权的版权产品进入国际市场，重点扶持具有中国特色的版权出口。四是大力发展跨境文化电子商务，积极申请跨境电子商务试点，构建面向国际国内文化市场快捷、安全的跨境文化电子商务新模式。五是推动文化金融服务创新试点，利用天竺综保区国家外汇特别监管区优势，大力开展金融产品和服务创新，积极发展面向文化贸易的金融服务业。六是促进文化创意产业与相关产业融合发展，提高对重点文化领域的科技支撑水平，培育特色鲜明、创新能力强的文化科技企业。七是加快文化贸易公共服务平台建设，为入驻企业提供关务、物流、进出口贸易等相关服务。

（三）关于政策措施

配套的政策措施主要包括五个方面：一是推进文化贸易改革创新与合作，探索建立部市两级统筹协调工作机制，推进文化企业国际化发展。二是强化高端文化贸易人才支撑，建立完善与国际接轨、与社会主义市场经济体制相适应、有利于文化贸易的人才培养、聚集体制机制，培养和引进文化贸易领军人才，构建文化贸易人才培养、集聚和交流平台。三是完善财税支持和金融服务，建立健全文化贸易金融服务体系，支持境内外股权投资、创业投资在基地聚集和发展。四是建立健全文化贸易标准体系，大力提升基地知识产权创造、运用、保护和管理能力，支持文化企业、高校院所和行业组织参与创制国际和国家文化标准。五是加强文化贸易政策集成，利用天竺综合保税区境内关外的免证、免税、保税政策，推动基地文化贸易便利化。支持基地文化贸易政策创新，争取国家政策支持，开展相关领域市场准入方面的改革创新。

最后，《意见》还提出了进一步完善文化部和北京市人民政府的部市共建机制，统筹属地与行业管理，整合临空经济区及周边资源，组织开展任务分解与试点等组织实施工作。

三、请示事项

如会议讨论通过，建议根据会议意见修改完善后，以市政府名义征求文化部意见并履行会签程序，尽早发布实施。

在第二届北京惠民文化消费季新闻发布会上的讲话

市文资办副主任　龙晓雯

(2014 年 8 月 19 日)

各位嘉宾，新闻媒体的朋友们：

大家上午好!

首先，我代表本次新闻发布会的主办方，向冒着酷暑高温前来参加今天新闻发布会的所有朋友们表示热烈的欢迎和衷心的感谢!

经市政府批准，北京市将在今年 8 月中旬到10月中旬举办第二届北京惠民文化消费季。下面，我代表活动组委会办公室，把有关情况向新闻媒体的朋友们作一个简要的通报。

一、第二届北京惠民文化消费季活动的主题、目的及原则

本届惠民文化消费季由市文资办、市文化局、市新闻出版广电局、市文物局主办，市旅游委、市发展改革委等 17 个委办局和 16 区（县）政府联合主办。活动主题：消费文化，品味生活。活动目的：通过举办北京惠民文化消费季活动，培养文化消费理念，引领文化消费意愿，激励文化消费行为，丰富精神文化生活，培育新的消费增长点。活动原则：政府引导，市场运作，节俭务实，惠及市民。

二、第二届北京惠民文化消费季的主要内容

这次惠民文化消费季内容丰富，涵盖文艺演出、电影展映、图书阅读、动漫游戏、文物拍卖、创意设计、文化数码、版权交易、民族精品等诸多门类，将在线上线下开展上百场展览促销、推介交易活动。整体活动概括起来可以分为三大部分：一是十大专项活动，二是十大展销板块，三是十六区（县）惠民文化消费专题活动。

（一）十大专项活动

一是举办第二届北京惠民文化消费季启动仪式暨 2014 文化创意产业（北京）研讨会。本届惠民文化消费季将于 8 月 20 日在北京文化创意产业展示中心正式启动，在此诚挚地邀请各位作为嘉宾出席活动。启动仪式后将举办 2014 文化创意产业（北京）研讨会，围绕“文化消费——拉动内需新引擎”这一主题，展开交流研讨。二是举办第二届网上惠民文化消费季。京东、当当等综合性电商龙头企业以及校园之星、绿野网等专业文化电商将围绕各类文化商品和服务开展为期两个月的惠民促销活

动，让市民通过网络享受文化消费的实惠。三是举办北京惠民文化消费阅读季。将在西单图书大厦、三联韬奋书店、首都博物馆、北大、清华等京城知名书店和文化场所开展百余场主题阅读活动，推介并优惠展卖好书，营造全民阅读的良好氛围。四是举办北京惠民文化消费演出季。通过市场手段，发送北京文惠卡加盟商户，整合500场以上各类文艺演出，其中200场左右将提供5–6折优惠，其余场次将通过其他方式和折扣为广大观众提供实惠。五是举办北京惠民文化消费电影季。依托北京文惠卡加盟商户商户资源，组织5000场以上电影，以5–6折的票价为广大观众提供实惠。六是举办北京惠民文物艺术品消费季。将举办20余场亲民、惠民的文物艺术品拍卖会，同时在国粹苑艺术品交易中心、北京展览馆等场所举办专门的文玩、传统文化用品展销活动。七是举办创意消费嘉年华。将在鸟巢南广场举办“极限震撼”特色演出，并组织创客大赛，创意产品集中销售等活动。八是举办第二届工艺美术和非遗嘉年华。京津冀工艺美术和非物质文化遗产代表人物、“绝活儿”、佳作将在北京国际雕塑公园集中亮相。九是举办穿阅·中塔——2014 3D中国行。在中央电视台文化广场汇聚230余项3D艺术及科技展项，推出中国规模最大的3D体验展。十是举办第二届慕尼黑啤酒节——北京之旅。

（二）十大展销板块

一是举办2014中美创新艺术设计展。中美两国设计师的新锐设计作品将在北京金台艺术馆亮相。二是举办2014第三届北京国际旅游商品博览会。中国国际展览中心（老馆）将全面呈现北京乃至全国的优质旅游资源和特色旅游产品，充分彰显文化旅游融合魅力。三是举办2014北京艺术博览会。活动将吸引海内外20多个国家和地区的100多家画廊、艺术机构汇聚北京展览馆。四是举办北京国际装饰创意设计产业博览会。全国农业展览馆将集合国内外设计机构、设计师、材料商等，全面倡导设计引领、绿色家装、宜居城市的理念。五是举办2014知识产权艺术周。朝阳公园将搭建诸多艺术名家和文博精品开展艺术品授权的重要平台。六是举办2014第五届中国电子商务博览会。全国电商龙头将聚首北京国际会议中心，开展诸多电子商务消费活动。七是举办2014中国民族精品博览会。国内最具代表性的高端民族品牌将在国家会议中心进行集中展销。八是举办第二届北京文化数码产业博览会。全国主要文化数码企业将在国家会议中心集中展示文化科技融合发展成果。九是举办2014动漫游戏嘉年华。国家会议中心将为广大动漫爱好者提供一场能看、能听、能玩、能买的动漫盛宴。十是举办中国北京国际艺术臻品展。活动将在北京展览馆举行，汇聚多国典藏级艺术品以及中国高水平艺术作品参展交易。

（三）十六区（县）文化惠民消费专题活动

东城区将整合区域内10家剧场、4家书店，促进戏剧和图书文化消费。西城区将举办以“感受文化之美”为主题的九大系列文化消费促进活动。朝阳区将通过2014朝阳时尚消费节、北京798艺术节等活动，实现文化与消费的有机结合。海淀区将举办2014年第三届中关村金秋演出季，在区内有关演出场所和场馆举办200场左右国内外精品演出。丰台区将开展“快乐生活 共享美味宴品”、“精彩假日 乐享幸福年华”、“美好时光 共享游园乐趣”、“魅力丰台 共享多彩丰台”四大惠民文化消费季主题活动。石景山区将举办第二届谐趣狂欢节、2014京西消费节以及北京美食文化嘉年华活动。门头沟区将开展电影展映与惠民演出，并制作发放《“文化惠民乐享京西”门头沟区文化惠民消费攻略》。房山区将举办房山区戏剧节，开展周末场演出、乡镇演出、戏剧大讲堂、戏曲票友联谊会等一系列活动。通州区将举办2014科普之旅激情狂欢季、中国艺术品产业博览会和北京·九棵树数字音乐节等活动。顺义区举办的惠民文化消费季将包括发放文惠卡，开展文化生活体验展、文艺演出联展、万册图书送下乡等一系列活动。大兴区将组织文化惠民演出、“玫瑰汽车影院”等活动。昌平区将举办亚洲陶笛艺术交流大会，并整合影院、剧场、书店等文化消费场开展让利促销活动。平谷区将组织影剧院惠民优惠、新华书店让利促销、电影中心送影下乡等活动。怀柔区将举办“流金岁月”露天电影放映季、“通票畅游杨宋影视城”等活动。密云县将组织旅游文化消费等专题活动。延庆县将举办消夏避暑季系列文化活动、世界葡萄大会系列文化活动等。

三、第二届北京惠民文化消费季活动的特点

与去年的活动相比，本届消费季体现出以下几个特点。

（一）进一步加强与相关产业及地区的融合程度

按照中央文化创意设计与相关产业融合发展的精神，今年的消费季进一步丰富了专项活动和展销板块门类，除原有的文化艺术、新闻出版、广播影视、动漫网游、艺术品交易活动外，还新增了与旅游业、建筑装饰行业融合的相关活动。同时，根据中央关于京津冀一体化发展的要求，本届北京惠民文化消费季将探索通过市场手段，整合京津冀三地文化资源，促进三地文化消费市场融合发展。

（二）进一步提升资源整合的市场化程度

今年的消费季将依托文惠卡这一平台，充分发动加盟商户，开展文化消费季惠民优惠专场演出等活动，预计将整合500场以上各类文艺演出和5000场以上中外电影，大部分将以5-6折的票价提供给广大消费者。消费季期间，还将通过对300家北京文惠卡签约商户门店的资源整合，向全市发放100万套北京惠民文化消费“大礼包”，每套“大礼包”套装内包含各类观影券、购书券、观演券、

学习券、观展券等，用以调动不同兴趣爱好消费者的文化消费热情。

（三）进一步发挥网络及新媒体对文化消费的促进作用

今年我们将更加重视发挥网上文化消费活动的引领带动作用，除去年已经尝试过的网络购物以外，今年的网上消费季还将增加网络阅读、网络游戏、网络观影、网络教育、网络拍卖等活动类型，吸引更多网民参与到消费季的线上活动当中来。同时，还将通过知名视频网站、消费季微信平台、文惠卡微信平台、手机 APP 客户端等新媒体渠道发布关于消费季的各类信息，进一步扩展消费季信息覆盖。

最后，我代表惠民文化消费季组委会办公室衷心感谢在座的新闻媒体的朋友们对此次活动给予的关注和支持。希望通过你们的宣传，让社会各界更多地了解北京惠民文化消费季活动，让更多的人关注北京文化创意产业的发展。同时，也真诚地邀请各位朋友在即将到来的金秋时节，带着家人和朋友积极参与惠民文化消费季活动，消费文化，品味生活。

谢谢大家。

在第六届投资北京洽谈会上的讲话

市文资办副主任　刘绍坚

(2014 年 12 月 9 日)

尊敬的各位嘉宾，各位朋友：

大家下午好！

很高兴有机会向大家介绍今年新出台的文创功能区规划和文创产业提升规划，这两个规划体现了北京文创产业发展的总体思路，明确了中长期目标任务。

北京是我国的文化中心，文化基础设施、文创高端人才、文化企业总部和各类资本最为集中，文创产业发展基础良好。2004—2013 年的十年间，全市文创产业年均复合增长率达到 17.3%，高于同期经济增速 8 个百分点；目前，文创产业增加值占 GDP 的比重达到 12.3%，是首都经济的第二大支柱产业。市文资办自 2012 年成立以来，肩负的一个重要职责就是推动北京地区文创产业的健康发展。

今年 2 月，习总书记在京考察工作，提出要调整疏解非首都核心功能。刚才，市发展改革委燕主任已经就禁止和限制类产业目录作了介绍。我想，产业结构调整，有退就有进。在有序疏解非首都核心功能的同时，我们必须同步强化首都的核心功能。文创产业就是符合首都城市功能定位，需要着力做大做强的重要产业。

为完善顶层设计，加强规划引导，优化北京文创产业的空间布局和发展质量，我们经过一年多深入的调查研究，起草了《北京市文化创意产业功能区建设发展规划》和《北京市文化创意产业提升规划》，经市政府常务会议审议通过，今年 5 月以市政府文件的形式正式下发。

文创功能区规划是全国第一个省级文创产业空间布局规划，提出了“一核、一带、两轴、多中心”的空间布局和“两条主线带动、七大板块支撑”的产业体系，规划建设 20 个文创功能区。目标是到 2020 年，文创功能区创造全市 80% 的文创收入。主要着力点在三个方面。

一是推动差异化发展。结合不同园区现有条件，鼓励形成分工合理、重点突出的产业布局。如东城、西城的天坛—天桥核心演艺区，重点支持剧目创作、展演，培育演艺总部和文化艺术经纪代理等；怀柔区的影视基地，重点发展影视剧本创作拍摄、制作交易等，推动影视综合服务相关要素资源集聚。

二是推动特色化发展。在差异化布局的基础上，进一步发挥各园区主导产业的带动作用，实现重点突破，推动园区产业向“专、精、特、新”方向转型，不搞大而全、不搞多而杂。

三是推动集群化发展。围绕园区重点产业，采取“一区多园、政策覆盖”的方式，完善供应链、服务链和价值链，推动区域资源整合和产业协作，加快培育壮大产业集群，辐射带动周边地区发展，促进文创产业由园区经济向区域经济转变。

文创产业提升规划着力构建完善“3+3+X”文创产业体系，推动首都的文化资源优势转化为现实的产业优势，力争到2020年，文创产业增加值占GDP的比重达到15%以上。第一个“3”是指文化艺术、广播影视、新闻出版三大传统行业，重点要发扬优秀传统文化精髓，挖掘历史文化积淀，加大对原创产品创作的扶持，创新文化产品的生产方式和消费方式，打造品牌文化企业。第二个“3”是指广告会展、艺术品交易、设计服务三大优势行业，重点要利用现代信息技术，推进商业模式创新，通过政策扶持、平台建设和市场主体培育，推动创新创意元素产业化，加速行业规模扩张。“X”是指多个行业融合的新业态，包括动漫游戏、视听新媒体、移动互联网应用、3D打印、绿色印刷，以及与农业、制造业、旅游、体育等相关产业融合形成的新业态。今年年初，国务院发布了10号文件《关于推进文化创意和设计服务与相关产业融合发展的意见》。我们已经起草了北京相应的行动计划，提交市政府审议后对外发布。

为深入落实好这两个规划，引导首都文创产业健康发展，我们将重点推进以下三个方面工作。

一是加快启动文创功能区示范园区建设。根据各功能区主导功能不同、行业特色不同、发展阶段不同的实际，采取“典型试点、循序渐进、逐步推开”的方式，选择具有产业代表性、区域引导性或平台服务性的园区，先行推动政策试点。我们即将启动示范园区的遴选认定，在老旧厂房利用、产业项目孵育、产品协同创新、成果转化等方面开展试点探索，搭建区域协作、产业合作的管理运营平台，加速示范园区建设进程。

二是进一步完善文化投融资服务体系。针对文创产业“资产轻、融资难”的特性，我们组建了北京市文化投资发展集团，设立了基金、担保、小额贷款、融资租赁、文化置业、创新工场等金融工具。下一步我们还将探索创建“文化金融合作试验区”，筹建北京市文化产权交易中心，进一步完善首都文创产业发展的金融生态环境。

三是大力促进文化消费发展。过去，文化是事业，不是产业；投资主体是政府，不是企业，所以只有投资，没有消费。现在发展产业，吸引社会资本进入，就必须要构建文化市场，通过文化消费让企业投资能够实现价值转化。为此，我们已经连续举办了两届惠民文化消费季活动。今年的第二届北京消费季刚刚落下帷幕，累计消费人次3772.5万，消费金额101.8亿元，实现了既惠民又惠企。为了建立促进文化消费的长效机制，我们还研究起草了《北京市人民政府关于促进文化消费的意见》，已经报市政府审批，近期即将发布。

各位朋友，文创产业是朝阳产业，北京发展空间巨大。我们希望与广大投资者、企业家和创业者共同携手，推进北京文创产业更好更快地发展。

谢谢大家!

在市文资办与北京银行全面战略合作协议签约仪式上的致辞

市文资办主任　周茂非

（2014 年 12 月 10 日）

尊敬的杨再平会长、闫冰竹董事长，尊敬的张森部长，各位领导、各位来宾，媒体朋友们：

今天是个好日子！北京银行与市文资办正式签署全面战略合作协议，为文化金融合作又添精彩一笔。在此，我代表市文资办，对各位的光临表示热烈的欢迎！向关心支持北京文化创意产业发展的各界朋友表示由衷的感谢！

市文资办成立以来，认真贯彻落实市委市政府、市委宣传部的工作部署，积极深化“政银企”合作，与中国光大银行、中国人民银行营管部等十多家金融机构建立了良好的合作关系，逐步构建起较为完善的首都文化投融资服务体系；与文化部、中国人民银行合作建设文化金融合作试验区，在文化金融政策、产品、服务等方面加强创新，先行先试，努力构建高端文化金融平台。

北京银行作为一家实力雄厚的上市银行，成立 18 年来，始终坚守服务中小企业的定位，开发出贴近文创企业的“创意贷”产品，连续 6 年文创贷款余额位居同业第一，为文化金融融合提供了很好的范例。这些工作，充分体现出北京银行真诚服务、勇于创新的精神，与市文资办的思路和做法不谋而合。

此次与北京银行签署战略合作协议，是我们双方真诚服务文化创意产业发展，推动文化金融创新的共识之举。标志着文化与金融的又一次深度合作，为北京文化创意产业繁荣发展提供了坚实的基础。

通过合作，我们将进一步打通银行与文创企业的融资渠道，在建设文化金融合作试验区、促进文化消费等方面开展全方位的合作，共同推动文化金融创新，积极破解文化企业融资难问题，为北京文化创意产业发展贡献力量。

各位领导、各位朋友，融合发展已经成为经济发展的“新常态”。顺应趋势，抓住机遇，加大资源整合力度，推动产业融合创新，具有重要意义。市文资办将坚决落实协议，以高度的使命感和责任感，积极开展全方位的合作，全力服务首都文化创意产业发展。

最后，预祝合作取得圆满成功！

谢谢大家！

2014
年鉴

第二部分
规范性文件

北京市人民政府文件

京政发〔2014〕13号

北京市人民政府关于印发《北京市文化创意产业功能区建设发展规划（2014—2020年）》和《北京市文化创意产业提升规划（2014—2020年）》的通知

各区、县人民政府，市政府各委、办、局，各市属机构：

现将《北京市文化创意产业功能区建设发展规划（2014—2020年）》和《北京市文化创意产业提升规划（2014—2020年）》印发给你们，请结合实际认真贯彻落实。

附件：1. 北京市文化创意产业功能区建设发展规划（2014—2020年）

2. 北京市文化创意产业提升规划（2014—2020年）

北京市人民政府

2014年5月26日

京政发〔2014〕13号附件1

北京市文化创意产业功能区建设发展规划
（2014—2020年）

文　本

2014年5月

目　录

前　言

当前，文化在综合国力竞争中的地位和作用日益凸显。党中央、国务院高度重视文化产业发展，党的十八大和十八届三中全会提出，要深化文化体制改革，提高文化产业规模化、集约化、专业化水平。北京市紧紧围绕全国文化中心定位，明确了加快建设中国特色社会主义先进文化之都的宏伟目标。站在新的历史起点，面临新的形势任务，立足于“全市一盘棋”，北京市创新提出规划建设文化创意产业功能区的战略构想，将在市级文化创意产业集聚区和国家级产业基地、园区的发展基础上，统筹整合资源，着力优化文化创意产业空间布局，加快促进要素聚集与产业链分工协作，引导区（县）文化创意产业特色化、差异化、集群化发展，推动全市文化创意氛围提升、经济转型升级、城市功能优化调整和经济社会的全面可持续发展。同时，进一步发挥北京文化创意产业的带头引领作用，促进古都北京这张中华文明金名片的保护和弘扬。

为科学规划建设文化创意产业功能区，特制定本规划。本规划是统筹指导北京市文化创意产业功能区规划建设的纲领性文件，也是北京市各区（县）文化创意产业发展的指导性文件，所划定的功能区，是规划期限内北京市文化创意产业发展的主要空间载体。

本规划编制的主要依据是：《中共中央关于全面深化改革若干重大问题的决定》、《国务院关于推进文化创意和设计服务与相关产业融合发展的若干意见》、《国务院关于加快发展对外文化贸易的意见》、《国务院办公厅关于印发文化体制改革中经营性文化事业单位转制为企业和进一步支持文化企业发展两个规定的通知》、《文化部“十二五”时期文化产业倍增计划》和《北京市国民经济和社会发展第十二个五年规划纲要》、《北京城市总体规划（2004—2020 年）》、《北京市土地利用总体规划 (2006—2020 年)》、《北京市主体功能区规划》等。

本规划期限为 2014 年至 2020 年。

一、深刻把握当前发展形势

（一）立足现有基础

北京是中华民族优秀传统文化和现代文明的窗口，也是我国文化人才、文化设施、文化企业总部和文化产业资本最集中的地区，具有发展文化创意产业的雄厚基础和绝佳条件。近年来，北京市文化创意产业发展势头迅猛，并形成了以 30 个市级集聚区为载体、带动区（县）集聚区发展的文化创意产业空间发展模式。

1. 产业规模快速增长，产业集聚初步形成。2013 年北京市规模以上文化创意产业[①]总收入超过 1 万亿元，增加值约 2406.7 亿元

① 年收入 500 万元及以上（其中制造业年主营业务收入 2000 万元及以上、批发企业年主营业收入 2000 万元及以上、零售业年主营业收入 500 万元及以上）的文化创意产业法人单位。

（2004年以来年复合增长率达17.3%），占全市GDP比重为12.3%，文化创意产业已经成为北京市重要的支柱性产业。北京市自2006年起共认定了30个市级集聚区，涵盖了全市16个区（县）及文化创意产业9大领域。截至2013年底，30家市级集聚区内的742家规模以上文化创意产业法人单位，共实现收入1407.8亿元，占全市规模以上文化创意产业总收入的14%；从业人员达到14.8万人，占全市比重14.1%。其中，CBD国际传媒产业集聚区、中关村创意产业先导基地等集聚效应凸显，798艺术区等品牌影响力日益扩大。通过集聚区建设，北京市文化创意产业已经初步形成了分行业的空间集聚。

2. 产业结构不断优化，融合发展态势初显。依托市级集聚区和众多文化产业园区及示范基地建设，北京市已经初步形成了以软件网络和计算机服务业为主，文化艺术、广播影视、新闻出版、设计服务、广告会展和艺术品交易等行业国内领先的文化创意产业结构体系，涌现出一大批龙头企业和专业化、精细化、特色化的中小企业。尤其是文化与科技的融合加快了信息产业、新媒体产业等发展；文化与金融融合优化了产业融资环境，完善了金融服务功能；文化创意产业与现代服务业、先进制造业的融合，带动了相关产业的转型升级。

3. 政策体系不断健全，发展环境持续优化。先后出台了《北京市促进文化创意产业发展的若干政策》、《北京市文化创意产业分类标准》、《北京市文化创意产业发展专项资金管理办法（试行）》、《北京市文化创意产业集聚区认定和管理办法（试行）》等政策文件。同时，研究制定了税收优惠、贷款贴息、信用担保和支持影视动画、网络游戏等重点行业发展的实施办法及保障措施，有力推动了北京市文化创意产业集聚区和各行业的快速发展。

4. 文化贸易大幅提升，国际交流成果丰硕。文化贸易成为北京市对外贸易发展新的增长亮点。2013年，北京文化贸易进出口总额达到35.3亿美元，同比增长15.7%，继续保持较高速度增长。在国际交流方面，随着中国经济的崛起及奥运会的成功举办，全世界更加关注中国、关注北京，首都文化软实力日益增强，相继举办了中国北京国际文化创意产业博览会、北京国际电影节、北京国际图书节、北京国际设计周、海峡两岸文化创意产业展、文化创意产业集聚区论坛、动漫游戏产业发展国际论坛等多项国际活动，成功入选成为联合国教科文组织评选的世界设计之都。在中国（北京）国际服务贸易交易会等大型综合性国际展会中，文化创意产业的交流也日益成为展会亮点。

（二）剖析存在问题

一是产业发展质量有待提升。具有国际竞争力的企业较少，具有国际影响力、体现“北京服务”、“北京创造”的文化产品不够丰富，文化创意产业各行业发展不协调，产业核心竞争力还需要进一步提升。**二是区**

（县）**产业定位有待优化**。各区（县）基于自身资源优势的文化创意产业发展定位还需要进一步明确，部分产业和项目存在同构性、同质化现象。**三是政策空间载体有待夯实**。集聚区集聚效应不强，管理服务水平不高，产业促进政策不到位，文化创意产业链和产业集群还需要进一步培育和完善。**四是产业融合发展有待加强**。文化资源和创意的产业化能力相对较弱，相关产业对于文化创意创新的认识不足，文化与科技、金融、制造业和旅游休闲等产业融合发展的能力还有待进一步提升。

（三）迎接机遇挑战

1. 党中央、国务院高度重视社会主义文化大发展大繁荣，进一步优化了文化创意产业发展的新环境。一系列深化文化体制改革、加快文化产业发展的政策相继出台，中央文化体制改革和发展工作领导小组、中央文化企业国有资产监督管理领导小组相继成立，全面统筹和推进文化产业及国有文化资产的发展工作，文化产业面临前所未有的广阔发展空间。

2. 建设中国特色社会主义先进文化之都宏伟目标的提出，为北京市文化创意产业发展带来了新机遇。北京市确立了“打造中国特色社会主义先进文化之都，建设具有世界影响力的文化中心城市”新的战略任务，将通过实施“人文北京、科技北京、绿色北京”和文化创新、科技创新“双轮驱动”发展战略，进一步解放和发展文化生产力，为文化创意产业快速发展带来了新的机遇。

3. 北京市文化创意产业融合化、集群化和引领发展态势日益明显，逐步夯实了产业政策空间载体的新基础。文化创意产业与其他产业融合发展是当前世界经济发展的重要趋势。新媒体、云计算、物联网等新技术、新知识和新渠道的快速发展，不断催生出新兴文化业态和产品内容，大幅提升了文化创意产业的劳动生产率。文化与金融融合发展，加快了国有文化企业的结构性重组进程，培育了一大批小微文化创意企业，重塑了文化创意产业的发展环境和产业生态。目前，北京市软件网络及计算机服务、广播影视、广告会展等行业集群发展态势凸显，引导带动传统产业升级和城市功能的完善，有力促进了区域经济发展。文化创意产业发展的新趋势和新需求，为建设新的产业政策空间载体进一步夯实了基础。

4. 国家、地区之间产业竞争日趋激烈，对北京市文化创意产业示范引领、走向世界提出了新挑战。北京是我国的首都和文化中心，是与世界各国、国内其他地区经济与文化交流的窗口，既为北京带来了多元化的文化要素，有力推动了北京市文化创意产业的发展和北京建设中国特色世界城市的进程，也使北京面临着中华文明走向世界的巨大挑战和直接压力。尤其是金融危机以来，世界主要发达国家均将创新和创意作为经济复苏的发动机，文化创意产业的国家间竞争更为激烈。同时，国内各省市文化产业发展迅猛，且多作为支柱产业培育，出台了大量优惠政策和保障措施，对北京市文化创意产业形成了较大的竞争压力。这就要求北京市必须进一步明确文化创意产业的发展方向和重点行业，着力优化产业空间布局，形成基础稳固、重点突出的产业空间发展格局，在全国文化大发展大繁荣进程中持续发挥带头引领作用。

二、系统谋划未来发展蓝图

（一）指导思想

高举中国特色社会主义伟大旗帜，以邓小平理论、“三个代表”重要思想和科学发展观为指导，深入贯彻落实中共中央关于全面深化改革若干重大问题的决定，加快建立健全现代文化市场体系，坚持和强化首都文化中心定位，创新思路、深化改革，充分挖掘利用首都文化资源和优势，深入实施人文北京、科技北京、绿色北京战略，切实加强产业协作与产业融合，培育壮大文化创意产业集群。通过文化创意产业功能区建设，加快形成分工合理、重点突出、各具特色的文化创意产业空间新格局，进一步强化北京市文化创意产业支柱地位和带头引领作用，为建设中国特色社会主义先进文化之都注入新的活力。

（二）规划原则

1. 一区多点、政策覆盖。结合文化创意产业发展规律和特点，借鉴中关村国家自主创新示范区的发展经验，采用“一区多点、政策覆盖”的空间发展模式，在市级文化创意产业集聚区和国家级产业基地、园区的发展基础上，进一步加强产业协作，完善区域分工，健全政策体系，形成促进文化创意产业发展的良好环境。

2. 产业融合、重点提升。促进科技、金融与文化创意产业的融合发展，培育产业新业态。促进文化创意总部经济和商务服务业融合发展，强化首都文化中心和国际交往中心地位。促进传统产业与文化创意产业的融合发展，提升传统产业附加值。聚焦“3+3+X”重点产业领域，激发文化艺术、广播影视、新闻出版等传统行业活力，加快设计服务、广告会展、艺术品交易等优势行业成长，推动若干新兴业态融合发展，以重点功能区、重点行业和重大项目带动全市文化创意产业发展质量提升。

3. 产业集聚、空间集约。遵循文化创意产业空间发展规律，在促进全市文化创意氛围的基础上，引导不同类型、不同环节、不同发展阶段的文化创意产业各领域向相关功能区集聚发展。坚持空间集约利用，鼓励功能区带动传统历史文化区域、工业遗址的有机更新和商务办公区域的文化转型发展，推动风貌提升和产业升级，进一步提高空间资源使用效率。

4. 规划衔接、区域引导。加强与北京市国民经济和社会发展规划、城市总体规划、土地利用总体规划及主体功能区规划的衔接，积极通过功能区建设带动中心城区非核心功能疏解、区（县）产业转型升级和周边区域协同发展。结合各区（县）资源禀赋和比较优势，采取政策、项目、资金、基础设施建设等多项措施，引导各区（县）通过功能区明确产业发展重点，形成区（县）联动、合理分工、各具特色、有序竞争的功能区产业发展体系。

5. 先行试点、循序渐进。依托北京市文化创意产业发展基础，结合各行业发展特点，挑选若干发展基础较好、政策示范条件成熟、试点意义重大的功能区或分片区予以重点支持，率先开展项目审批、财税支持、人才引进、土地使用等政策先行先试，为功能区整体规划建设和全市文化创意产业繁荣发展探索道路、积累经验。

（三）发展目标

通过优化完善区域功能定位和产业空间布局，着力建设 20 个文化创意产业功能区，打造推动产业要素集聚、服务平台建设及政策措施落地的政策空间载体，进一步引导区（县）特色发展、错位发展，使功能区成为带动产业转型的示范、服务首都居民的窗口、展示人文北京的舞台、建设宜居城市的样板。

1. 以功能区建设推动形成全市文化创意产业高端化、集聚化的空间总体布局，进一步引导中心城区非核心功能疏解，推动区（县）特色化、差异化发展。到 2020 年，力争使功能区创造全市 80% 以上的文化创意产业收入，培育发展一批原创能力强、技术水平高、品牌影响大的文化领军企业和重大项目，建设一批文化企业集聚度高、产业核心竞争力强的文化创意产业集群和中小微文化企业群落，形成一批具有广泛知名度和国际影响力的文化创意产业地标，引进和培养一批能够参与国际竞争的文化创意产业管理、创意、营销等高端人才。同时，通过功能区建设推动首都功能核心区功能调整优化和中心城区旧城改造，缓解核心区功能过分集聚引发的大城市病。明确城市功能拓展区和城市发展新区文化创意产业发展方向，加强工业遗产的保护和利用，提升城市景观风貌品质和文化内涵。优化生态涵养发展区产业结构和人居生态环境，提升远郊区（县）发展的内生动力和就业承载能力。推动形成产业特色鲜明、文化功能各异、区域错位发展的首都文化创意产业空间发展新格局。

2. 以功能区建设促进人才、技术等核心要素集聚融合，实现产业协作、区域协调发展，进一步带动首都产业转型升级。通过功能区建设，进一步集聚文化人才、信息、技术、资本等创新要素资源，促进文化与科技、金融、制造业、旅游、农业、体育等产业深度融合发展，驱动北京经济转型升级。推动形成功能区与各区（县）及周边城市优势互补、合作共赢的良好局面，不断提升城市功能空间发展动力和文化建设品位，使文化创意产业支柱地位和带头引领作用进一步凸显。

3. 以功能区建设带动全市文化设施不断完善，文化消费大幅增长，文化宜居水平显著提升。通过功能区建设，打造一批文化创意产品和服务的知名品牌，进一步丰富文化消费市场，培育文化消费理念，引导文化消费意愿，激励文化消费行为。同时，以功能区建设为先导，推动社会资本投入北京文化设施建设和文化遗产保护利用，实现文化传承，营造创意氛围，促进文化交流，将北京建设成为我国乃至世界上重要的文化创意城市和国际一流的和谐宜居之都。

三、全面优化产业空间布局

按照北京城市总体规划、主体功能区规划和“十二五”规划纲要确定的北京城市空

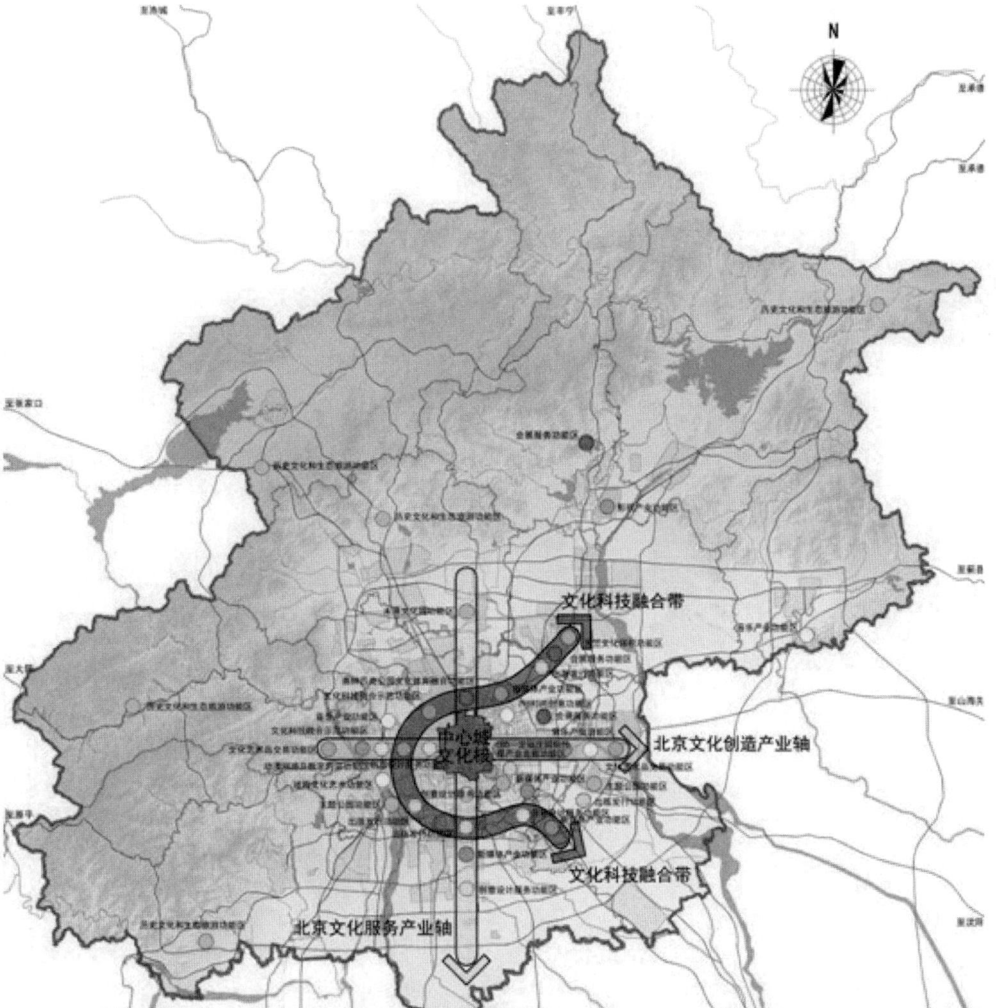

北京市文化创意产业功能区空间发展格局

北京市文化创意产业功能区产业支撑体系

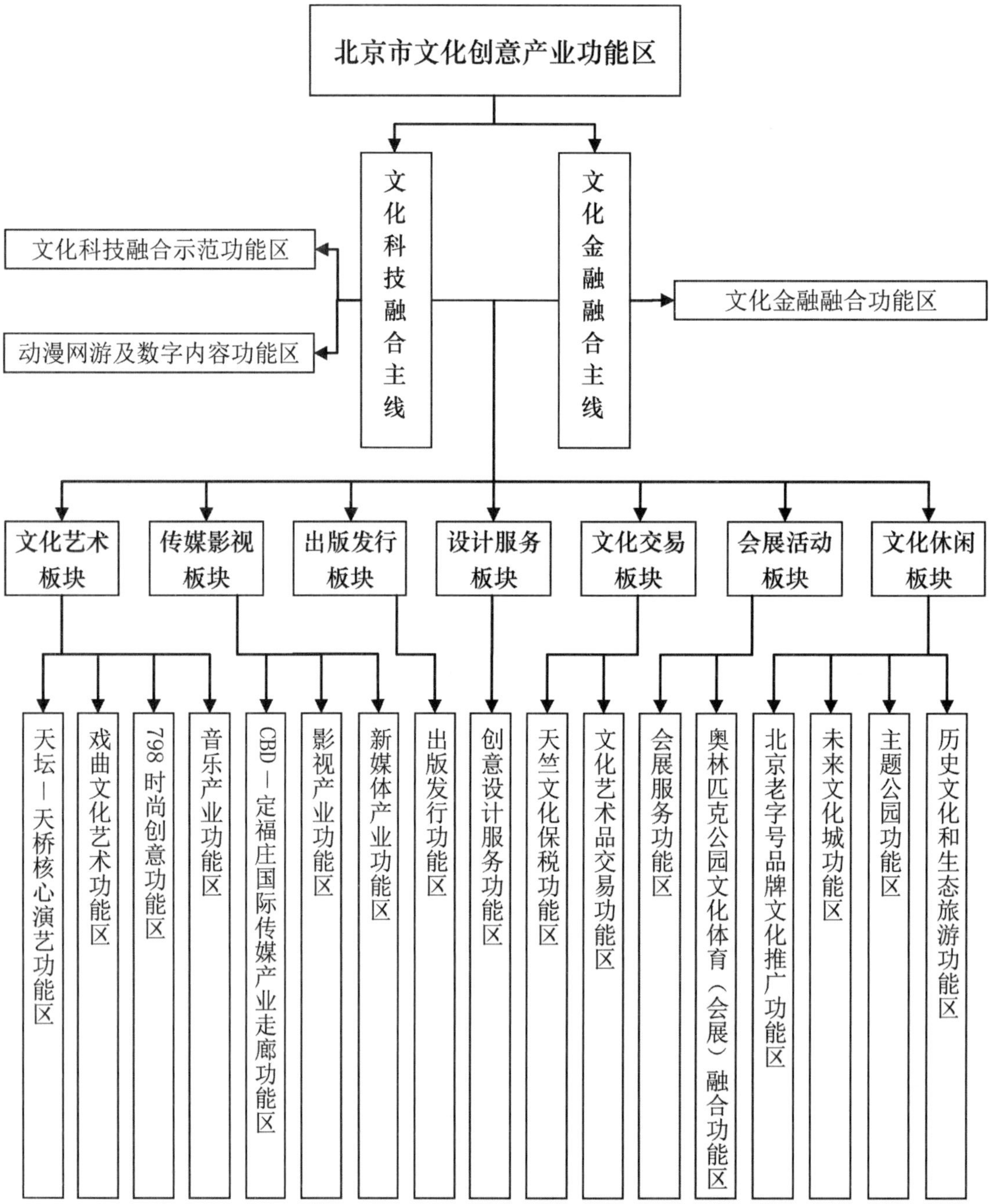

北京市文化创意产业功能区产业支撑体系

间结构，在涵盖30个市级集聚区和国家级产业基地、园区等政策空间的基础上，采用“一区多点、政策覆盖”的发展模式，紧扣北京市“3+3+X”文化创意产业体系，从产业门类、产业链环节和产业发展阶段三个方面，系统梳理北京市各区（县）文化创意产业发展基础和资源条件，规划形成“一核、一带、两轴、多中心”的功能区空间发展格局和与之相适应的“两条主线带动，七大板块支撑”的功能区产业支撑体系，着力建设20个文化创意产业功能区，规划面积共计441.56平方公里。

（一）构建“一核、一带、两轴、多中心”的空间发展格局

一核：是以首都功能核心区为空间载体的“中心城文化核”，涵盖了集聚文化创意产业高端环节的主要功能区。中心城文化核重点依托北京厚重的历史文化和极具优势的金融、总部资源，通过推动文化金融融合发展，传承北京城市历史文脉和老字号品牌文化，进一步发挥集聚融合、带头引领作用，以点带面，提升对全市文化创意产业功能区的空间带动能力，打造北京文化创意产业和全国文化产业的中枢。以文化创意产业发展带动北京历史文化名城保护与建设，推动北京历史文化遗产和传统街区风貌的传承与复兴，切实做到城市保护与有机更新相衔接，保护好中华文明的这张金名片，着力扩大北京文化、中华文明的影响力和辐射力。

一带：是指以中关村海淀园和石景山园为核心，向东延伸至朝阳电子城，向南延伸至丰台科技园、大兴国家新媒体产业基地和亦庄经济开发区的“文化科技融合带”，是北京市高新技术产业最为密集、教育科研资源最为丰富的区域。文化科技融合带将重点推动文化和科技融合，加快动漫网游、新媒体、数字出版、设计服务等重点行业发展。未来将积极向顺义新城、亦庄新城拓展，为形成北京城市总体规划确定的“东部发展带”注入新的文化创意活力。

两轴：按照北京城市总体规划确定的城市空间拓展方向，推进功能区点轴扩散、东进南拓，形成沿长安街延伸的东西轴和沿城市中轴线的南北轴。东西轴是北京文化创造产业轴，西至动漫网游及数字内容功能区，东至CBD—定福庄国际传媒产业走廊功能区，是北京充分利用创新和创意，面向世界创造文化创意产品的主要轴线。未来将紧紧依托通州新城城市副中心定位，促进CBD—定福庄国际传媒产业走廊功能区向通州新城拓展，实现文化创意产业联动，加快通州原创艺术及工艺美术产业化。依托新首钢高端产业综合服务区，扩大北京数字内容等产业规模，全面提升“北京创造”中文化创意产品的数量和质量。南北轴是北京文化服务产业轴，北至未来文化城功能区，南至创意设计服务功能区，是北京服务市民文化娱乐消费、服务相关产业转型升级的主要轴线。未来将加快响应城 南行动计划，紧抓首都第二机场建设机遇，积极推动丰台、大兴（亦庄）

的创意设计、新媒体服务等产业发展，带动传统工业转型升级，全面提升“北京服务”中文化创意产业的生产性服务业发展水平。

多中心：是以功能区和分片区为中心，辐射带动周边区域文化创意产业整体发展和文化内涵提升的重要节点。如天竺文化保税功能区、音乐产业功能区中的中国乐谷片区、影视产业功能区中的中国（怀柔）影视基地片区，以及文化休闲板块中的主题公园和历史文化景区等。

专栏1：文化创意产业功能区空间格局与上位规划空间结构的对应关系分析

《北京城市总体规划（2004—2020年）》提出北京市城市空间结构是“两轴两带多中心”，其中：

两轴：指沿长安街的东西轴和传统中轴线的南北轴。

两带：指包括通州、顺义、亦庄、怀柔、密云、平谷的“东部发展带”和包括大兴、房山、昌平、延庆、门头沟的“西部发展带”。

多中心：指在市域范围内建设多个服务全国、面向世界的城市职能中心，提高城市的核心功能和综合竞争力，包括中关村示范区核心区、奥林匹克中心区、中央商务区(CBD)、海淀山后地区科技创新中心、顺义现代制造业基地、通州综合服务中心、亦庄高新技术产业发展中心和石景山综合服务中心等。

《北京市主体功能区规划》将北京划分为四大功能分区。其中：

首都功能核心区：包括东城区和西城区，是首都“四个服务”职能的主要承载区，历史文化遗产分布的核心地，古都历史文化风貌的集中展示区，文化旅游和公共文化服务集中分布区，金融机构、总部企业聚集地，国家金融管理核心区。

城市功能拓展区：包括朝阳区、海淀区、丰台区、石景山区，是首都面向全国和世界的高端服务功能的重要承载区，是首都经济辐射力和控制力的主要支撑区，是中关村国家自主创新示范区的主要集中地，是北京集中展示现代化国际大都市的重要区域。

城市发展新区：包括通州区、顺义区、大兴区（北京经济技术开发区）以及昌平区和房山区的平原地区，是首都战略发展的新空间和推进新型城市化的重要着力区，是首都经济发展的新增长极，是承接产业、人口和城市功能转移的重要区域，是首都高技术制造业和战略性新兴产业聚集区，是都市型现代农业生产和示范基地。

生态涵养发展区：包括门头沟区、平谷区、怀柔区、密云县、延庆县以及昌平区和房山区的山区部分，是首都生态屏障和重要水源保护地，是沟域经济等生态友好型产业发展建设的示范区，是构建首都城乡一体化发展新格局的重点地区，是保证北京可持续发展的关键区域。

《北京市国民经济和社会发展第十二个五年规划纲要》提出要“构建‘两城两带、六高四新’的创新产业发展格局，成为全市高端产业发展的重要载体”。

“两城两带”是指中关村科学城、未来科技城、北部研发服务和高新技术产业发展带、南部高技术制造业和战略性新兴产业发展带。受限于基础设施和产业发展，“两带”目前尚未成形。

“六高”是指中关村国家自主创新示范区、北京经济技术开发区、商务中心区、金融街、奥林匹克中心区、临空经济区等六大高端产业功能区。

“四新”是指通州高端商务服务区、丽泽金融商务区、新首钢高端产业综合服务区、怀柔文化科技高端产业新区。

文化创意产业功能区提出“一核、一带、两轴、多中心”的总体空间格局，充分顺承了上位规划的空间结构，并体现了北京市文化创意产业的空间发展特点。其中：

“一核”是“中心城文化核”，是北京市首都功能核心区，也是城市总体规划中的两轴焦点和金融街高端产业功能区的所在地。

“一带”是首都文化科技融合发展形成的独有产业空间布局，文化和科技的大部分产业均集中于城市中心区边缘并形成最具活力的文化、科技发展带，主要位于城市功能拓展区和城市发展新区。该带既是城市总体规划中的中关村示范区核心区、奥林匹克中心区、海淀山后地区科技创新中心、亦庄高新技术产业发展中心和石景山综合服务中心等在空间上的体现，也是“六高四新”中的中关村国家自主创新示范区、北京经济技术开发区、奥林匹克中心区、新首钢高端产业综合服务区等功能空间的串联。

“两轴”是在充分研究北京市文化创意产业空间布局的基础上，顺承北京城市总体规划提出的两轴而形成的文化创意产业发展轴。

“多中心”则进一步与未来科技城、通州高端商务服务区、怀柔文化科技高端产业新区等形成了协调和呼应。

（二）引导“两条主线带动，七大板块支撑”的产业空间集聚

基于功能区空间发展格局，紧紧把握文化创意产业各行业发展规律，依托北京市已经形成的文化创意产业发展优势，按照空间整合、产业集聚、功能拓展的原则，以产业链、供应链、服务链为纽带，合理配置要素资源、充分培育市场 主体、综合建设服务平台，构建“两条主线带动，七大板块支撑”的差异化、多层次、高效率、复合型的功能区产业支撑体系，统筹引导20个文化创意产业功能区的产业空间布局及区内各产业有效集聚、有序发展。

1. 文化科技融合主线

文化科技融合主线贯穿于文化创意产业发展始终，是北京市实现文化创新、科技创新“双轮驱动”战略的主战场，也是充分发挥国家级文化和科技融合示范基地作用及北京市科研资源与高新技术产业优势，提升文化创意产业增加值和成果转化率的政策载体。

文化科技融合示范功能区。文化科技融合主线的主要载体，重点依托中关村海淀园，按照文化软件服务、互联网信息服务、文化增值电信服务、移动互联产业等产业空间集聚规律，形成专业化的楼宇、园区载体。同时，功能区还将推动首钢老工业遗产的保护和再利用，着力拓展人工智能、大数据、云计算等产业融合新业态，促进搬迁后的首钢主厂区产业转型发展与空间改造升级。动漫网游及数字内容功能区。以中关村东城园相关区域（原雍和园部分区域）和石景山园等为核心，重点推动东城 园的数字内容产业和动漫网游运营、版权交易及衍生品授权等行业集聚，着力提升石景山园动漫网游研发、原创开发、设计制作等创新创意环节的发展水平；加快推进三间房国家动漫产业基地的动漫设计、影音配套等动漫产业细分行业发展，鼓励以中国传媒大学创业基地等为载体的动漫网游创业，建设动漫社区；强化中国动漫游戏城在展示交易、交互体验等领域的服务功能。功能区将按照不同产业链的分工特点和空间选择偏好，引导产业链各环节的专业化空间集聚，并以知识产权交易、服务外包等形式加快推动文化科技融合成果的转化及产业化。

同时，文化科技融合主线着重强调文化与科技融合对科教资源、人才资源、资本供给的集聚能力，有效引导产、学、研的深度融合，依托高校和科研院所，形成空间联系、多点布局的科技文化孵化器，带动科技创新在文化产业领域的转换，实现文化科技双向深度融合和科技资源跨区域共享。

2. 文化金融融合主线

文化金融融合主线是北京市发挥全国金融机构总部优势，促进金融服务实体经济、带动全市文化创意产业整体发展的总平台和发动机。

文化金融融合功能区。以金融街片区为核心，着力引导大型金融机构支持文化创意产业发展，完善文化金融服务体系，为全国培育、创新和示范文化金融产品，努力打造国家“文化金融合作试验区”。其主要任务是加快建设文化创意产业信贷、担保、产权交易、投融资等金融服务平台；引导银行、担保等金融机构与文化创意产业加强联系、开展合作；建立健全文化创意产业金融评估体系和信用体系等配套措施；建立文化投融资平台，积极探索版权质押、风险投资、股权投资等多种文化金融服务方案；引导不同所有制形式的金融资本聚集，构建支持北京市文化创意产业发展的金融支撑体系。着力引导以中关村东城园相关区域（原雍和园部分区域及东二环周边区域）为代表的国有资本总部密集区域发展，通过设立文化创意产业发展基金、风险投资基金等形式，控股或参股组建混合所有制文化创意企业，加快培育一批在全国和世界上具有一定影响力的文化创意领军企业和战略投资者，充分发挥市场在文化创意要素配置中的积极作用，推动首都文化创意产业健康发展。

金融业和总部经济是城市中集聚程度最高的产业。文化金融融合主线遵循金融业发展规律，着力引导文化创意产业要素集聚，推动形成全国最强、世界知名的文化创意产业金融核心和总部集聚区，引导和服务相关功能区发展。

3. 文化艺术板块

文化艺术板块依托北京市艺术、人才和历史文化等资源优势，遵循文化艺术创作规律和市场规律，着力促进形成文化艺术上、中、下游产业链，提供艺术创作、展示与交流的产业化平台，通过重点建设天坛—天桥核心演艺功能区等区域，提升北京演艺中心地位，加快培育文化消费市场，推动全市文化艺术及时尚创意氛围提升。

天坛—天桥核心演艺功能区。依托北京南城传统演艺集聚区域，主要发展文艺创作与表演服务业，重点支持优秀演出剧目创作、展演和特色剧场建设，加快培育演艺集团总部和文化艺术经纪代理、演出、版权服务、相关消费及衍生品等上下游产业链，加强演艺交流，形成北京市演艺文化中心和特色功能街区。

戏曲文化艺术功能区。依托中国戏曲学院、中国评剧院、北京京剧院等戏曲艺术、教育资源，基于园博园会址和卢沟桥文化创意产业集聚区，积极构建戏曲演艺、教育、展示、体验、衍生品等产业体系，开拓传统艺术传承推广的新形式。

798 时尚创意功能区。在 798、751 等园区基础上，进一步向北、向东拓展发展空间，外溢文化艺术功能和要素，形成国内外现代艺术的汇聚交流中心和现代艺术创作中心。大力发展文化艺术创作和文化艺术品交易，并推动向创意设计、文化艺术中介服务等产业发展，不断创新艺术工作室、艺术孵化器、创意工场、展览培训等新业态

音乐产业功能区。遵循成熟的音乐产业链分工及其空间分布规律，着力引导中国唱片总公司创作园等区域发展音乐产业战略投资、版权保护与交易、音乐产品输出传播等重点环节；鼓励 1919 音乐文化产业基地探索音乐产业投融资创新，完善民营音乐产业领域的原创音乐孵化、音乐产品输出、音乐衍生产品的开发和营销等产业环节；提升西山文化创意大道的音乐展演、行业交流和音乐创作功能；打造通州九棵树区域数字音乐全国中心地位，积极发展数字音乐创作、音乐教育与培训、音乐产品录制等产业环节；提升平谷中国乐谷和大兴钧天坊等郊区（县）乐器研发、制作、交易以及表演、培训等各环节发展水平，促进形成较为完整的音乐产业特色化发展链条。

4. 传媒影视板块

传媒影视板块主要依托北京国家传媒和影视中心地位，进一步强化影视产品、渠道、人才、技术等资源优势，着力建设 CBD—定福庄国际传媒产业走廊功能区、中国（怀柔）影视产业示范区等，进一步完善传媒影视产业改革发展路径和 政策支持措施，助力北京

建设具有世界影响力的信息传播枢纽城市和影视产品制作中心。

CBD—定福庄国际传媒产业走廊功能区。依托中央电视台、北京广播电视台、凤凰传媒等大型传媒机构，充分利用朝阳区丰富的商务办公用地、工业用地和集体经营性建设用地，集聚配套中小型传媒影视产业项目、制播企业、创意人才、投资基金、技术装备等要素，大力发展新闻业、音像及电子出版物出版发行、广播电视服务与传输、广告业，以及相关的软件业、网络服务、设计服务业、文化商务服务和高端设备制造业等上下游关联产业，形成功能区内空间上的有机联系和专业化园区网络体系，建设国际信息传媒中心。积极争取国家有关部委支持，创建国家文化产业创新实验区。发挥区域功能优势，通过传媒产业辐射带动通州新城发展，加快通州原创艺术产业化步伐，提升文化设施水平和创意文化氛围，进一步支撑北京城市副中心建设。

影视产业功能区。重点建设中国（怀柔）影视产业示范区，以国家中影数字制作基地、中影基地二期工程、制片人总部基地、影视产业孵化中心、辉煌百代数码影城等重点项目为依托，探索电影产业改革创新和政策支持新路径，着力提升电影剧本创作、拍摄、制作、交易及综合服务水平，形成产业链条完整、产业要素集聚、品牌活动集合、综合服务齐全的国际化影视城；通过建设中央新影集团影视产业创意园等重点项目，着力引导北影、新影集团厂区转型提升为我国电影行业的总部基地、战略投资运营中心和版权交易中心；支持中国北京星光电视节目制作基地等项目建设，鼓励电视节目和相关产品外包，深化国有电台、电视台体制机制改革，丰富电视产业市场。进一步探索功能区多元化利用形式，促进文化旅游与影视产业融合发展。

新媒体产业功能区。以国家新媒体产业基地为核心，着力开拓新媒体研发、运营、服务等文化创意产业新兴业态，形成新产品和新服务的培育与孵化基地；依托中关村电子城西区、北区和亦庄北京数字电视产业园雄厚的制造业实力，推动新媒体高端设备制造业发展，抢占移动新媒体时代硬件标准；依托垡头产业基地工业遗产资源，加快推动新媒体成果展示、数字内容创作和后台云服务等业态发展。通过新媒体产业发展，进一步创新数字内容形式，提升传统产业竞争力。

5. 出版发行板块

出版发行板块依托北京出版业传统优势地位，通过集聚国内外原创作品、数字出版、绿色印刷等相关资源，大力推动传统出版与信息技术的融合，加快传统印刷出版行业转型升级步伐，逐步疏解淘汰传统高耗水、重污染印刷企业，进一步推动建设全球出版中心。

出版发行功能区。按照出版物性质、发行渠道和产业链环节，着力打造各环节空间集聚的专业化片区。以位于丰台区的北京国家数字出版基地为重点，推动发展集数字出版创意策划、数字内容加工生产、数字出版平台运营等服务于一体的，面向互联网、移动网络和智能移动设备的数字出版产业，打造国内一流的数字出版基地；以位于西城区的中国北京出版创意产业园为依托，集聚民营出版企业总部，探索出版体制改革、优化出版资源配置、鼓励新媒体发展，打造中国出版业改革试验区；以朝内大街周边区域为重点，加快推动国有传统出版发行总部体制改革，进一步创新经营模式；推动建设位于朝阳区的中国出版创意产业基地，在创业孵化、人才培训、交易经纪和技术服务等方面进一步加强产业资源集聚；完善北京台湖出版物会展贸易中心的版权交易发行、出版文化展示等功能，建设北京出版物会展贸易产业中心；引导北京印刷包装产业基地和顺义雅昌印刷标准化（胶印）技术应用研究与推广基地等加强技术研发，推动出版印刷行业向绿色印刷转型升级，引领全国绿色印刷标准和印刷产业园区建设。通过功能区建设，集聚出版发行相关产业要素，重点推动传统出版和数字出版产业功能的融合发展，探索、引导和支持新形势下的版权保护和版权交易新模式。

6. 设计服务板块

设计服务板块依托北京设计之都的企业、人才和资源优势，进一步巩固北京在工业设计、建筑设计、创意艺术设计、服装设计等方面的竞争优势和市场地位，着力推进文化创意和设计服务与相关产业融合发展。

创意设计服务功能区。以北京设计之都大厦、北京 DRC 工业设计创意产业基地为核心，依托雄厚的工业设计基础和健全的产业孵化体系，加强以红星奖为代表的中国工业设计品牌建设，打造我国工业设计交流中心，引领提升“中国创造”、“北京创造”实力；鼓励中国（大兴）设计瑰谷建设，依托北京南部高技术制造业和战略性新兴产业发展带旺盛的设计需求，重点提升机械设计、汽车设计、移动终端设计等高端制造业设计服务水平；依托北京（永外）时尚创意产业基地和大红门区域的服装纺织企业，引导其向服装设计、家居设计转型；依托展览路片区，强化建筑设计、城市规划与设计、室内设计等领域在全国的领先地位，助力北京宜居城市建设；引导中关村石景山园设计组团紧密结合文化科技融合趋势，发展以交互展示、虚拟现实应用等为代表的信息设计服务产业，以及消费电子设计、品牌设计、动漫设计等设计服务新业态。功能区将强化对创意设计人才和机构的集聚能力，构建公共技术服务平台，加大设计版权保护力度，推进北京国际设计周永久会址建设，加快实现北京“设计之都”的宏伟蓝图。

7. 文化交易板块

文化交易板块依托北京市众多金融机构总部、博物馆资源和国家级文化贸易口岸、原创艺术基地及传统文化艺术品展示交易中心，以天竺文化保税功能区为重点载体，大力集聚国内外文化贸易企业、人才等要素，建设交易平台、文物艺术品监管库、物流体系等配套设施，助力北京建设亚太文化艺术品交易中心。

天竺文化保税功能区。利用空港保税区政策优势，重点发展文化艺术品的仓储、物流、展示、交易等环节，推动建设文化产品和服务的出口交易平台，同时为国际、国内文化生产、传播、贸易机构提供专属保税服务。

文化艺术品交易功能区。按照交易品类型和交易方式，重点发展美术馆—隆福寺高端艺术品交易区的高端文化艺术品拍卖、展示和鉴赏服务功能，塑造首都文化艺术品市场品牌和中国艺术品产业博览会品牌；提升潘家园、琉璃厂、报国寺等历史文化区域的传统古玩艺术品、工艺美术品及收藏品交易产业发展水平，推动区内艺术品经营商店规范、有序发展，建设特色艺术街区；鼓励通州宋庄区域加快原创艺术及工艺美术产业化步伐，建设服务于原创艺术及工艺美术品的展示和交易中心；鼓励以门头沟北京宝玉石文化博览交易中心为代表的郊区（县）相关区域发展高端化、专业化的大型文化艺术交易功能集中区。

8. 会展活动板块

会展活动板块依托国家级和北京市级大型会展设施、奥运场馆资源，以及便捷的交通体系、完善的配套设施服务能力，构建国家级的会展服务和文化体育新型城市功能区域，推动北京建设国际会展业中心城市。

会展服务功能区。立足北京国际交往中心定位，充分发挥临空经济区区位优势，依托中国国际展览中心新馆这一北京市规模最大、功能最完善的展馆基础设施资源，重点打造顺义国展产业园，同时加强与老国展、北京展览馆、农业展览馆的联动发展，着力提升北京会议展览服务水平，继承和创办具有国际影响力的标志性会展品牌，引导会展专业人才、资金、项目向功能区集聚，推动酒店、中介、商贸等配套服务设施建设，打造全国一流、世界知名的会展服务中心。以筹备亚太经济合作组织（APEC）领导人非正式会议等国际会议为契机，加快建设雁栖湖国际会展中心，支持并鼓励举办具有世界影响力的高端国际会议，助力北京打造国际政治和文化交流中心。

奥林匹克公园文化体育（会展）融合功能区。立足于奥运场馆和国家会议展览中心等设施，着力加强中外文化、体育交流，重点承办国际国内重大体育赛事与主题展览、文化演艺、民众参与体验等活动，构建文化体育多功能新型城市区域。

9. 文化休闲板块

文化休闲板块依托北京历史文化、自然生态和旅游休闲资源，着力于传统与现代、文化与旅游、文化与休闲的融合发展，积极推进新型文化休闲城市功能区域的建设，引导各类资源合理开发利用。

北京老字号品牌文化推广功能区。包括前门、大栅栏、王府井等老字号品牌聚集区域，规划以老字号溯源工程和年轻化工程为基础，加强老字号企业与文化企业的协作，引导建设各类老字号品牌保护、挖掘与弘扬推广的文化产业基地，形成集文化、商贸、旅游、制作、展示、消费于一体的重要城市文化功能区域。

未来文化城功能区。以建设国家大马戏院、北京魔术城、海鹊落新都市中心和昌平京北文化中心等为载体，满足北京市民更加多元、时尚的文化休闲生活，并为北京数字文化内容和技术提供展示平台，形成与未来科技城相呼应的北京未来文化城。

主题公园功能区。以北京国际旅游度假区、欢乐谷、世界公园等城市主题休闲娱乐区域为载体，大力推动以酒店业、演艺业等为代表的文化娱乐产业发展，拉动市民文化娱 乐消费，营造良好的城市文化娱乐氛围。

历史文化和生态旅游功能区②。依托北京厚重的历史文化资源和生态涵养发展区丰富的生态旅游休闲资源，以“三山五园”历史文化景区、西山八大处文化景区、周口店北京人遗址、云居寺文化景区、明十三陵文化景区、斋堂古村落古道、八达岭长城、慕田峪长城等文化旅游景区和永定河生态文化新区、北京文化硅谷、古北水镇民俗文化体验区等重点项目为载体，整合开发文化休闲与娱乐的城市新型功能区域，以文化旅游休闲产业带动生态保护和传统农业转型升级。

（三）推动产业融合、协作互补、联动共赢的区域协同发展

遵循文化创意产业发展的内在逻辑和原生动力，通过功能区建设，进一步发挥市场在文化资源配置中的积极作用和“功能”的纽带作用，促进北京市文化创意产业协作、融合发展，培育具有国际竞争力的产业集群。充分发挥文化创意产业的带头引领作用，推进文化创意产业功能区空间协调发展，形成功能区内部、功能区之间、功能区与各区（县）及京津冀的相互沟通、相互促进、相互融合、共赢发展的良好局面。

1. 以功能区内部产业融合促进功能区空间品质提升。各功能区围绕主导产业，加快建设公共服务平台、产业联盟等社会组织，形成关联互动的产业体系和沟通高效的公共空间体系。大力完善与功能区主导产业发展具有垂直分工、水平分工和侧向关联的产业和设施，包括功能区内为生产、消费和文化休闲生活提供便利的配套产业，并提供多元化的办公空间和差异化的租金措施解决各类企业的不同需求。鼓励功能区之间加强产业关联，针对共性问题和共性资源，积极构建产业统筹发展体系和协作机制，为功能区之间产业发展、公共平台建设预留足够的拓展空间。鼓励中小型园区融合发展，共同提升产业竞争力，最终形成各功能区内部空间特色鲜明、文化氛围浓郁，功能区之间联系便

② 因历史文化和生态旅游功能区面积过大，且多涉及景区景点，并无明确四至边界，不利于产业用地集约利用和文化创意产业功能区整体投入产出强度的评价，故不划定该功能区的具体空间范围，仅列出重点景 区、重大项目等。

捷、策略呼应、多点支撑的产业发展和空间布局体系。

2. 以文化创意和相关产业融合，促进功能区和北京市其他重点产业功能区联动发展。落实首都文化创新、科技创新“双轮驱动”战略，以文化科技融合主线为主要载体，推动文化创意产业功能区和中关村国家自主创新示范区协调发展，促进文化和科技融合。以文化金融融合主线为载体，推动功能区和金融街协调发展。促进文化创意产业带动传统产业转型升级和工业遗产保护利用，重点以文化创意和设计服务业带动提升高技术制造业的发展质量及产业附加值，推动功能区和北京经济技术开发区、临空经济区、首钢老工业区等高端产业功能区协调发展。通过融入文化要素，激活现有资源，提升现代服务业的社会效益，推动功能区带动传统商务办公区域、商贸零售区域转型发展，打造创意社区。大力推动文化旅游和文化休闲融合发展，提升旅游产业和现代农业附加值，推动郊区（县）景区从旅游观光和门票经济向文化产业和综合效益转变，带动景区周边村庄的传统农业向“文旅农”融合的品牌农业、休闲农业转变。

3. 以功能区建设推动中心城区非核心功能疏解，带动远郊区（县）文化功能提升，进一步凸显人文北京城市空间特色。积极发挥文化创意产业功能区促进北京市中心城区非核心功能疏解的作用，在中心城区的功能区规划范围内，鼓励通过产业置换和孵化，疏散居住条件较差、人口密度较高的旧城胡同、城中村落、小商品批发市场等非首都核心功能区域，加快解决城市发展顽疾，进一步改善旧城风貌、提升旧城品质。鼓励对闲置、废弃或没有得到充分利用的商业办公设施、城区废旧厂房等进行再开发。依托各区（县）产业特色优势，鼓励文化创意产业按照新城定位和产业链分工，有序向各区（县）转移集聚，并在新城内形成新的文化创意产业集群和文化娱乐综合体，进一步带动区（县）产业均衡、协调发展，增强新城文化氛围，提升城市生活品质。鼓励通过文化创意产业提升休闲观光农业发展水平，提高生态涵养发展区旅游休闲品质。

4. 以功能区建设助力京津冀区域协同，引领全国文化产业又好又快发展。京津冀地域一体、文化一脉，具有统筹发展文化创意产业的资源基础。按照北京全国文化中心定位和非首都核心功能疏解要求，遵循文化创意产业不同行业特点，鼓励出版发行功能区、文化艺术品交易功能区的设备制造、批发集散环节以及影视产业功能区部分外景基地转移至津冀地区更具土地及其他要素比较优势的区域。加强动漫网游及数字内容功能区、798时尚创意功能区、戏曲文化艺术功能区、音乐产业功能区、新媒体产业功能区、创意设计服务功能区、会展服务功能区与周边产业区域及其他城市的合作与交流。提升天竺文化保税功能区，奥林匹克公园文化体育（会展）融合功能区、北京老字号品牌文化推广

专栏 2：功能区建设带动区（县）重点发展的文化创意产业细分类别

	重点支持产业	协同创新产业
东城区	艺术品展示交易，数字内容，文化产权交易，演艺演出，老字号品牌开发	特色剧场，时尚创意设计，版权交易，音乐制作
西城区	文化金融服务，创意设计服务，数字出版，演艺演出	会议展览，艺术品展示交易，老字号品牌开发
朝阳区	新闻服务，广播电视传输服务，广告服务，影视动画设计制作，影视节目制作发行，录音制作，艺术品展示交易	文化休闲娱乐，体育赛事与演艺，会议展览，数字内容创作生产，服装设计及展示
海淀区	数字内容研发生产，文化软件开发，互联网信息服务，影视节目创作与生产，影视动画设计制作，建筑及专业设计服务	文艺创作，演艺演出，文化生态休闲旅游
丰台区	戏曲文艺创作与表演、培训，数字出版	服装设计，动漫游戏及数字内容
石景山区	动漫游戏设计制作，文化软件服务，数字内容生产传播	创意设计服务，文化生态休闲旅游
门头沟区	艺术品展示交易，文化生态休闲旅游	
房山区	历史文化及生态旅游，特色会展，文化休闲娱乐	演艺演出，设计服务
通州区	艺术品创作展示交易，出版展示物流发行	音乐培训创作，文化休闲娱乐
顺义区	会议展览服务，艺术品和版权产品交易服务	高端印刷及精品印刷
昌平区	文化休闲娱乐，演艺演出，历史文化及生态旅游	
大兴区	新媒体，影视节目制作，视听设备制造，创意设计服务	高端印刷及精品印刷，数字出版，乐器研发制造
平谷区	乐器研发制造，演艺演出，音乐创作、教育与培训，音乐版权保护与交易	
怀柔区	影视制作及版权交易，数字内容生产，影视体验娱乐，会议会展	文化生态休闲旅游
密云县	历史文化及生态旅游，文化休闲娱乐	
延庆县	历史文化及生态旅游，文化休闲娱乐	

功能区、未来文化城功能区、主题公园功能区、历史文化和生态旅游功能区等服务京津冀文化需求的能力。加快推进文化市场一体化进程，破除限制资本、技术、产权、人才、劳动力等要素自由流动和优化配置的体制机制障碍，进一步优化区域产业布局。在更为广阔的范围内，着力强化文化科技融合示范功能区、文化金融融合功能区以及传媒影视、出版发行、设计服务、文化交易等板块的相关功能区在环渤海地区乃至全国文化产业发展中的示范引领和辐射带动作用，积极推动与各地文化园区、基地的产业链联系，引领带动我国文化产业不断提升核心竞争力，积极参与国际竞争。

四、着力构建综合保障体系

针对文化创意产业的发展特性和不同功能区的产业定位与发展目标，规划构建“1+7+N”的功能区综合保障体系，即“一揽子基础认定政策，七项综合保障措施，若干个性发展策略”，协同应用法规、经济、行政三种调节手段，从政策扶持、措施保障和个性发展等方面，系统把握功能区建设所需的要素体系，引导和规范不同功能区的长期、健康、可持续发展。

（一）制定一揽子基础认定政策

研究确定文化创意产业功能区内文化创意企业、人才、产品等一揽子认定政策，包括：不同类型的文化创意企业认定标准，作为落实相关税收政策和行政事业性收费减免、租金补贴等财政支持措施的基础性依据；不同行业规模以上企业和中、小、微等不同类型企业的划定标准，为出台针对性的产业促进措施奠定基础；文化创意产业人才认定标准，为提供相应的资金支持、创业补助、职称评定和户籍管理等社会保障与公共服务提供基础；文化创意产品、版权和项目的认定政策，为提供有效的知识产权保护和无形资产评估服务提供基础。

（二）完善七项综合保障措施

1. 体制机制保障

深化文化体制改革，创新产业发展思路，转变文化发展方式。在市文化改革和发展领导小组全面统筹下，探索建立市级部门、区（县）政府、产业联盟、龙头企业等各类主体深度参与的文化创意产业功能区管理运营新模式，充分发挥政府引导、服务职能和市场在文化资源配置中的积极作用，培育和激发全社会的创意创新能力。推动形成以公有制为主体、多种所有制共同发展的文化创意产业格局。

进一步强化政府提供文化公共服务、建设文化服务设施、加强知识产权保护的职能，落实国家和北京市支持文化创意产业发展的各项规划、法规和优惠政策，研究制定文化创意产业和功能区发展相关条例，完善功能区内投资核准、银行贷款、土地使用、税收优惠、上市融资、发行债券、对外贸易和申请专项资金等各项扶持政策。降低文化创意产业准入门槛，清理行政审批事项、精简审批流程、严控审批时限、公开审批标准、提高审批效率。鼓励和引导社会资本以多种形式投资文化创意产业，参与重大文化项目实施和功能区建设，允许投资人在功能区内以知识产权等无形资产评估作价出资组建文化创意企业。破除文化创意产业与科技、现代服务业和传统产业融合发展的体制机制障碍，探索建立规划衔接、部门合作、产业联盟、技术共享、市场共建的文化创意产业融合发展机制。

加快培育、发展和规范功能区内相关行业协（商、学）会、中介组织和产业联盟，充分发挥行业组织在研究行业发展、制定共性标准、整合行业资源、协调行业利益、加强行业自律等方面的作用。进一步发挥龙头骨干企业的示范和带动作用，加快产业要素聚集，提高产业运转效率，促进产业健康快速发展。

2. 人才队伍保障

深入实施中央“千人计划”、“万人计划”和“北京海外人才聚集工程”，借鉴中关村高新技术人才扶持政策，研究建立符合文化创意产业功能区发展、有利于培养和引进世界顶级创意创新人才的工作机制，同时制定完善相关政策措施，在户籍管理、子女入学入托等方面为文化创意产业高级人才提供保障。重点培养和引进一批文化创意领军人才、高层次文化经营管理人才、文化金融融合的资本型人才、文化科技融合的创新型人才，以及熟悉国际文化产业和贸易规则的外向型人才。推广人才“打包”引进模式，以领军人才带动吸引海内外优秀人才入驻功能区。进一步激发国有文化单位和非公文化企业的人才创新活力，通过共建人才培养基地等方式，研究探索产学研联动的文化创意人才培养新模式，逐步完善国有、民营企业人才发展环境。支持各类文化创意人才，尤其是大中专毕业生在功能区内创新创业。

建立健全功能区文化创意人才的认定机制、评价体系和激励机制，推进职业技能鉴定和职称评定工作，建立功能区文化创意人才信息资源库和综合保障服务平台。完善功能区内政府部门、用人单位及社会等各类奖励互为补充的多层次文化创意人才奖励体系，对各类人才的创作活动、学习深造、国际交流等进行奖励和资助。按照国家有关规定，进一步落实国有企业、院所转制企业、职业院校、普通本科高校和科研院所创办企业的股权激励政策，鼓励各类人才以知识产权、无形资产、技术要素等作为股份参与企业利润分配。

3. 财政税收保障

引导市级统筹的文化创新发展专项（产业类）资金支持重点功能区建设，鼓励各功能区和所在区（县）结合自身产业发展基础及实际情况设立文化创意产业发展资金。加强市、区两级文化创新发展资金的统筹管理，切实提高财政资金使用效益，推动文化创意企业和重大项目按照各功能区产业定位布局落地。鼓励政府采购功能区文化创意产品和服务，引领 和拓展文化创意产业细分市场。

参照中关村国家自主创新示范区做法，积极争取出台功能区税收优惠试点政策。在规定期限内，对由经营性文化事业单位转制为企业的，免征企业所得税。对功能区内从事文化产业支撑技术等领域的文化企业，按国家规定认定为高新技术企业的，减按15%的税率征收企业所得税。对文化创意和设计服务企业发生的职工教育经费支出，不超过工资薪金总额8%的部分，准予在计算应纳税所得额时扣除。企业发生的符合条件的创意和设计费用，执行税前加计扣除政策。由财政部门拨付事业经费的经营性文化事业单位转制为企业，对其自用房产在规定期限内免征房产税。积极研究制定功能区内符合国家相关政策的文化创意企业行政事业性收费减免措施，进一步降低企业水、电、气等运营成本。

4. 金融支持保障

充分发挥首都金融机构总部优势，建立完善文化投融资体制机制，促进功能区文化金融融合发展。积极建立健全文化创意产业的无形资产评估体系和信用评级制度，鼓励银行、信贷和担保机构建立专门服务文化创意产业的专营机构、特色支行和文化金融专业服务团队，不断创新金融产品和服务。鼓励增加版权质押、股权融资、信用担保、融资租赁贷款、应收账款质押融资、产业链融资等多种促进功能区文化创意企业发展的融资品种，重点拓展贷款抵（质）押物的范围，完善无形资产和收益权抵（质）押权登记公示制度，探索开展无形资产质押和收益权抵（质）押贷款等业务，进一步缓解文化企业、文化项目融资难题。在加强监管的前提下，支持具备条件的民间资本在功能区内依法发起设立中小型银行，为文化创意产业发展提供专业化的金融服务。鼓励功能区内文化创意企业通过并购重组、上市融资等方式，利用资本市场做强做大。优先安排功能区内符合条件的文化创意企业发行公司债、企业债、集合信托和集合债、中小企业私募债等非金融企业债务融资工具。在功能区内率先探索金融机构选择重点文化创意产业项目贷款开展信贷资产证券化试点。探索建立社会资本投资的风险补偿机制，鼓励各类担保机构提供融资担保和再担保服务。鼓励保险公司加大创新型文化创意保险产品开发力度，提升保险服务水平，积极在功能区内开展业务。

加强国有文化创意产业投资基金对社会资本的引导作用，积极培育文化创意产业的战略投资者，引导私募股权投资基金、创业投资基金及各类投资机构加大对文化创意产业核心领域、文化创意新兴业态和功能区的投资力度。加快建设北京市文化产权交易中心，充分利用中国(北京)国际服务贸易交易会、中国北京国际文化创意产业博览会及相关专业性展会、交易会等平台，促进功能区文化创意产品和服务交易。

加大功能区内金融支持文化消费的力

度。探索开展艺术品、工艺品资产托管，鼓励发展文化消费信贷。鼓励文化类电子商务平台与互联网金融相结合，促进文化领域的信息消费。加强功能区内金融机构和支付结算系统建设，完善第三方支付机构网点建设和运营环境建设，完善银行卡刷卡消费环境，提升文化消费便利水平。

5. 建设用地保障

在北京城市总体规划和土地利用总体规划的指导下，基于土地节约集约利用的原则，重点保障功能区内文化创意产业用地，优先安排文化创意产业重大项目用地计划指标。鼓励文化创意企业参与旧城、旧工业区和城郊地区的产业升级改造，积极盘活存量土地资源，探索利用工业用地和集体建设用地发展文化创意产业的新模式。支持以划拨方式取得土地的单位利用存量房产、原有土地兴办文化创意和设计服务，在符合城乡规划前提下土地用途和使用权人可暂不变更，连续经营一年以上，符合划拨用地目录的，可按划拨用地办理用地手续，不符合划拨用地目录的，可采取协议出让方式办理用地手续。鼓励通过发展文化创意产业推动新城建设，对于能够带动区（县）和功能区发展的文化创意产业重大项目，建立绿色通道，优先安排。严格监督文化创意产业建设用地的开发管理，坚决禁止借文化之名进行房地产开发。

明确工业用地变更为文化创意产业用地的途径和政策措施，探索在北京城市建设用地分类中增加文化创意产业用地分类，并在修改城市总体规划时，将文化创意产业建设用 地纳入城市空间专项规划。

6. 对外合作保障

紧紧抓住设计之都建设机遇，发挥北京市文化创意产业优势，推进北京国际交往中心建设和北京市文化创意产业的国际化步伐。鼓励功能区和相关行业协会积极与国内外文化产业园区、相关机构开展合作，搭建产品服务贸易中介平台，举办投资贸易推介活动，承办国际文化节事活动，参加国内外相关文化节会。鼓励功能区企业出口产品和服务落实“对国家重点鼓励的文化产品出口实行增值税零税率。对国家重点鼓励的文化服务出口实行营业税免税。结合营业税改征增值税改革试点，逐步将文化服务行业纳入‘营改增’试点范围，对纳入增值税征收范围的文化服务出口实行增值税零税率或免税”的相关规定，对出口文化产品和服务成绩突出的企业进行奖励。鼓励功能区文化创意企业为承担国家鼓励类文化产业项目进口国内不能生产的自用设备及配套件、备件，在政策规定范围和期限内，免征进口关税。积极支持功能区企业海外并购、境外投资，推进文化贸易投资的外汇管理和结算便利化。

推动国际化要素向功能区集聚，进一步提升企业参与国际竞争的能力。以功能区为载体，加强与国内外创意城市、国家和地区间的合作交流，重点推进创意设计和相关行业在产业联动、版权保护、风险投资、人才培养、机制创新等方面的国际合作，加快吸引国内外知名设计和相关产业的企业、组织、大师、工作室在功能区内设立总部或分支机构，鼓励功能区内文化创意企业积极参与国际分工，承接国际文化创意类外包业务。鼓励功能区内具有国际竞争力的文化创意企业加大对外投资，通过独资、合资、控股、参股等多种形式，在国外兴办文化创意企业，收购国际知名文化创意品牌。鼓励功能区内行业组织、中介组织和企业参与制定国家、国际标准，推动功能区内自主标准国际化。逐步建立以北京为重要节点的全球文化创意产品和服务体系。

着力推动天竺文化保税功能区建设，使之成为我国文化创意产品和服务进出口的重要窗口。推动天坛—天桥核心演艺功能区、戏曲文化艺术功能区、音乐产业功能区、文化艺术品交易功能区、会展服务功能区、奥林匹克公园文化体育（会展）融合功能区、未来文化城功能区承接国际文化创意节事、赛事，举办国际文化创意产品展演、展拍。努力将798时尚创意功能区、北京老字号品牌文化推广功能区、历史文化和生态旅游功能区等建设成为具有首都文化发展特色的国际名片。鼓励符合条件的功能区建立海外园区。

7. 公共服务保障

加强文化创意产业公共服务平台建设，重点建设文化科技融合主线、传媒影视板块、出版发行板块、设计服务板块的公共技术服务平台，为功能区文化创意企业提供公共设备使用、技术认证和指导等服务。加强文化艺术、文化交易、会展活动、文化休闲等板块的相关功能区中介服务平台与文化设施建设力度，提升其对文化创意产业和城市功能空间的带动能力。

完善道路、市政等各项基础设施，加快生活设施配套建设。合理安排功能区内建设用地开发时序，优先建设交通基础设施，保障功能区内外部交通设施承载能力。大力发展公共租赁住房，合理规划布局公租房建设用地，妥善解决功能区企业员工住房需求，促进职住平衡，进一步提升功能区交通、市政、环境、商务、生活等方面的配套设施服务水平。建设服务于功能区的文化公共设施和空间环境，加快营造功能区人文氛围，全力提升功能区文化品味。

（三）探索若干个性发展策略

针对各功能区发展阶段的差异和产业定位的不同，结合各自发展基础与资源禀赋，分别利用财税、金融、人才、土 地、对外交流等支持手段，研究制定若干有针对性的产业专项引导措施。鼓励各功能区总结自身发展经验，探索制定各具特色的功能区个性发展策略，通过顶层设计和“摸着石头过河”，共同推动各功能区产业集聚化、特色化和差异化发展。

（四）加强政策措施统筹协调

充分考虑文化创意产业门类的多样性和要素的复杂性，切实加强功能区之间各类政策措施的全局统筹与相互协调，实现对各功能区进行分区促进、分类指导，保证政策措施的合理制定、有序实施。以共性政策为主体,集中研究、统一制定;以个性策略为配套,先行先试、分步推行;两者有机结合,共同理顺功能区综合保障体系关系,避免政策措施的重复与冲突。明确功能区内部各片区享受同等政策措施,功能区之间突出政策区分度,以促进不同主导产业的集聚。探索建立政策协调机制,强化功能区之间的政策沟通与协作。

五、合力推进规划落地实施

全市各相关单位要统一思想、高度重视,按照统筹协调、分工负责的原则,加强本规划的实施管理,合力推进规划落实。市文化改革和发展领导小组各成员单位及相关部门要在领导小组统筹指导下,研究建立市级部门之间、市区两级政府之间的沟通协调机制,共同推动解决功能区规划建设工作中的重大问题,包括发布功能区建设目标、年度计划和重点支持产业目录,率先建设功能区示范园区并开展政策先行先试,协调重大文化项目落地等。研究制定支持功能区建设发展的各项具体政策措施、功能区考核评价指标体系和监督管理机制。各区(县)要指定专门部门负责本区(县)的功能区规划建设工作,落实好各项决策部署。

抄送:市委各部门,北京卫戍区。
　　　市人大常委会办公厅,市政协办公厅,市高级人民法院,市人民检察院。
　　　各民主党派北京市委和北京市工商联。

北京市人民政府办公厅　　　　　　2014 年 5 月 27 日印发

京政发〔2014〕13号附件2

北京市文化创意产业提升规划
（2014—2020年）

2014年5月

目 录

前　言

党的十八大、十八届三中全会就全面深化文化体制改革、推动文化大发展大繁荣、建设社会主义文化强国作出重要部署。北京市正围绕“政治中心、文化中心、国际交往中心、科技创新中心”定位，深入实施人文北京、科技北京、绿色北京战略，迈上建设国际一流的和谐宜居之都新征程。面临新的历史机遇，北京市文化创意产业繁荣发展翻开了新篇章。站在新的起点，为发挥首都全国文化中心示范作用，充分挖掘利用北京文化优势，提高文化创意产业规模化、集约化、专业化水平，率先建成现代文化产业体系，推动经济转型升级，特编制本规划。

本规划的主要编制依据有：《中共中央关于全面深化改革若干重大问题的决定》、《国务院关于推进文化创意和设计服务与相关产业融合发展的若干意见》、《国务院关于加快发展对外文化贸易的意见》、《国务院办公厅关于印发文化体制改革中经营性文化事业单位转制为企业和进一步支持企业发展两个规定的通知》、《文化产业振兴规划》、《文化部“十二五”时期文化产业倍增计划》、《中共北京市委关于发挥文化中心作用加快建设中国特色社会主义先进文化之都的意见》。

本规划实施期限为2014年至2020年。

一、继往开来，明晰产业发展方向

近年来，文化创意产业已成为各省市竞相发展的重要产业，对经济社会发展的引领带动作用日益显现。北京汇聚了各类文化资源要素，全国文化中心示范作用日益发挥，建设中国特色社会主义先进文化之都迈出坚实步伐，焕发出首都文化发展的独特魅力。当前全市文化创意产业发展已进入科技与文化、传统与现代交相辉映的新时期。

（一）发展现状

产业实现持续增长。文化创意产业作为首都经济新的增长点，展现了良好的发展基础和巨大的发展潜力，已经成为首都经济增长的支柱产业。全市文化创意产业2013年增加值达到2406.7亿元，同比增长9.1%，2004年以来年均增速达到17.3%，占全市GDP比重达到12.3%，比2004年提高2.8个百分点。 政策配套日趋完备。本市明确提出重点发展文化创意产业以来，相继出台了一系列促进产业发展的政策措施，对文化创意产业进行重点扶持和发展。目前，全市已经在文化创意产业的政策执行、资金扶持、融资服务、交易平台和人才保障等方面，搭建起综合性的支撑保障体系。

集聚效应初步显现。2006年以来，全市分四批共认定30家文化创意产业集聚区，初步形成产业地理空间上的聚集，覆盖16个区县及文化创意产业九大领域。各集聚区产业辐射带动效应日益显现，形成了一批有影响力的文化创意产业集群，有力地推动了全市文化创意产业的发展。

开放合作成效显著。本市文化产品出口规模日益扩大，文化服务贸易发展迅速。2013 年，全市文化贸易进出口总额达到 35.3 亿美元，同比增长 15.7%。在扩大服务贸易规模的同时，本市加快实施文化企业走出去战略，通过出口自主知识产权产品、成立海外分支机构、合资合作等方式积极拓展国际业务，形成了一批具有国际影响力的大型文化企业集团。文化创意产业已成为本市吸引利用外商投资的重要领域。

（二）面临形势

中央明确提出北京市要发挥全国文化中心示范作用，为首都发展文化创意产业提供了良好的外部环境。在文化大发展大繁荣的背景下，居民文化消费和科技体验要求日益增强，北京文化资源丰富、文化人群聚集、科技力量汇聚，有利于进一步提升首都发展文化创意产业的竞争优势。

当前，首都北京正处于加快转变经济发展方式的关键时期。在经济社会发展取得显著成效的同时，本市的人口资源环境约束日益凸显，经济发展与城市承载力矛盾日益突出。这就要求首都城市发展必须站在更高起点上依靠创新驱动提升发展质量，充分发挥自主创新对结构调整的带动作用，尽快形成科技创新与文化创新“双轮驱动”的发展格局。

目前，本市文化创意产业发展存在缺乏顶层设计、市场化程度不高、投融资体系和要素市场有待完善、高端创意人才和复合型人才短缺、产业整体配套不足等问题，难以满足产业持续发展的需要。在宏观经济增速放缓的背景下，全市文化创意产业已由高速增长进入增速换挡期，行业内部结构也出现新的变化。一是文化艺术、新闻出版、广播影视等传统行业，由于缺乏精品原创和经营模式市场化不足等原因，导致行业发展内生动力日益匮乏；二是广告会展、艺术品交易、设计服务等优势行业，由于要素集聚、平台建设和人才培养等滞后，行业规模难以壮大；三是由于信息技术变革和居民消费习惯变化，文化开始交融于社会生产、消费各环节，行业边界趋向模糊。如何顺应行业结构演变规律并提出有效应对措施，成为全市文化创意产业发展面临的新课题。

（三）战略任务

1. 指导思想

高举中国特色社会主义伟大旗帜，以邓小平理论、“三个代表”重要思想和科学发展观为指导，深入贯彻落实党的十八大、十八届三中全会和市委市政府关于文化体制改革及文化产业发展的各项重大部署，紧紧围绕全国文化中心定位，彰显古都北京中华文明金名片优势，发挥带头引领作用，以创新发展为主线，以提升产业竞争力和实力为核心，整合资源，加强产业协作和产业融合，推动转型升级，加快构建结构合理、门类齐全、科技含量高、富有创意、竞争力强的现代文化产业体系。

2. 基本原则

深化改革，完善机制。建立健全科学有效的文化管理机制和灵活高效的运行机制，推动政府部门由办文化向管文化转变，确保文化发展正确方向。巩固已有改革成果，加快推进当前改革任务，研究实施新时期改革方案。完善改革配套政策、文化扶持政策和文化贸易政策，充分发挥政策集成优势，促进产业又好又快发展。

统筹引导，重点突破。发挥政府在产业发展中的引导作用，着力强化规划引领、资源统筹、政策调节和公共服务，提升决策的科学性和前瞻性。牢牢抓住制约产业提升发展的关键问题，集中力量，科学施策，重点发展渗透性、关联性强，有助于产业链延伸、价值链提升的高端领域和环节，为壮大产业规模和实力奠定基础。

鼓励创新，内涵发展。以大文化观布局谋篇，营造鼓励创新、宽容失败的发展环境。充分发挥市场在文化资源配路中的积极作用，激发企业创新创意活力。加强产品研发和内容原创，推动文化内容、形式、手段创新。加强知识产权保护，鼓励原创作品创作、开发、制作与传播，加大对原创作品采购、扶持和奖励力度。充分挖掘利用首都历史文化资源，采取有效措施，努力将资源优势转化为产业优势，走内涵式发展道路。

存量挖潜，集约利用。发挥北京资源集聚效应，把握非首都核心功能疏解和产业转移契机，推进工业遗址、废旧工业设施和空路工业厂房改造，拓展文化创意产业发展空间，更好地为全市经济结构调整、产业转型升级服务。因地制宜，加强对不同文化创意产业发展区域土地利用方向、结构和布局的调控和引导，充分开发利用现有存量土地资源，提高文化创意产业发展效益。

融合发展，转型提升。注重产业附加值的提升，在产业发展中融入更多创意元素，促进文化创意产业内部及与其他产业的融合发展、联动发展。注重新型文化业态的培育，提高产业规模化、集约化、专业化水平，培育产业新的增长点。加快产业结构创新、链条创新、形态创新，实现产业升级发展。

分工协作，开放共赢。充分发挥北京作为全国文化中心的辐射带动作用，推进产业链上下游和区域分工与相互协作，加快跨区域、跨行业、跨所有制的跨界合作，优化区域产业结构和空间布局，加快京津冀文化创意产业一体化发展，提升产业链协作发展水平。提升市场开放度，加快产业“引进来”与“走出去”，促进文化要素与服务的国际化进程。

3. 发展目标

到 2020 年，构建起富有首都特色的“3+3+X”文化创意产业体系，产业支柱地位更加巩固，成为支撑本市科学发展、绿色发展、创新发展的核心引擎，推动首都建设成为中国最具活力的文化创意名城、在世界上具有重大影响力的著名文化中心，文化氛围浓郁，创新活力四射，环境和谐宜居。文化创意产业增加值占 GDP 比重达到 15% 以上。

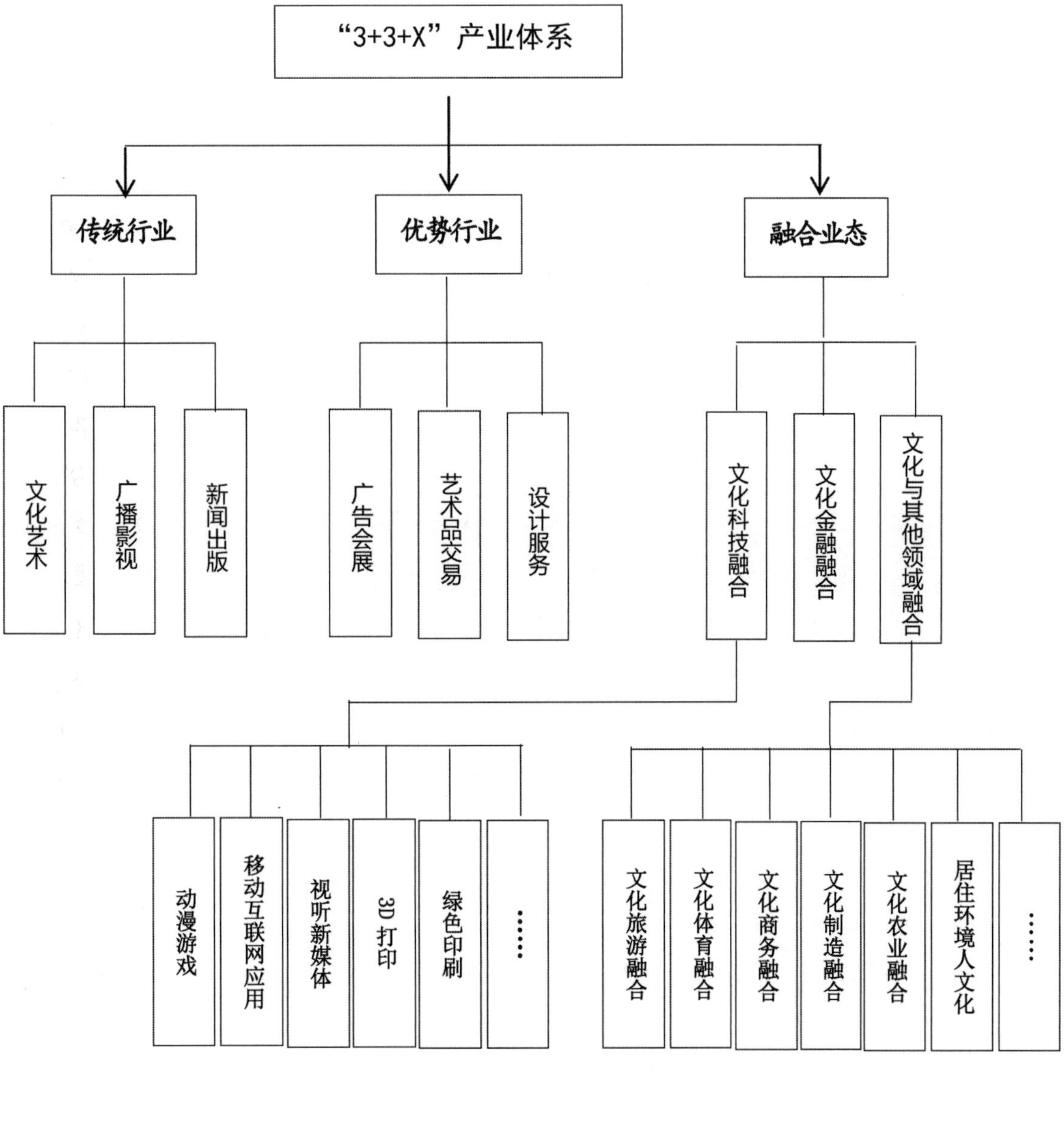
“3+3+X”产业体系
传统行业
优势行业
融合业态
文化艺术
广播影视
新闻出版
广告会展
艺术品交易
设计服务
文化科技融合
文化金融融合
文化与其他领域融合
动漫游戏
移动互联网应用
视听新媒体
3D打印
绿色印刷
……
文化旅游融合
文化体育融合
文化商务融合
文化制造融合
文化农业融合
居住环境人文化
……

产业结构优化升级。通过改革创新，促进文化艺术、广播影视、新闻出版三大传统行业优化升级，巩固提升发展实力；集成政策，聚焦创新要素，壮大广告会展、艺术品交易、设计服务三大优势行业规模，进一步发挥对文化创意产业发展的支撑作用；把握文化与其他领域融合化发展趋势，推动文化与科技、文化与金融、文化与其他产业多元融合发展。

市场主体日益壮大。营造良好市场环境，扶持促进中小企业发展，培育一批掌握核心技术、拥有原创品牌、具有较强市场竞争力的骨干文化企业和企业集团，推进产业主体不断成长壮大。加大政策扶持力度，鼓励有实力的企业跨地区、跨行业、跨所有制兼并重组，促进文化领域资源整合和结构调整。

创新能力显著提升。完善以企业为主体、市场为导向、应用为先锋的产学研用相结合的文化科技创新体系，广泛运用现代信息技术，提高企业的先进技术装备水平和文化产品的科技含量。推动文化产品和服务的生产、传播、消费的数字化、网络化进程，加快商业营销模式创新，强化文化对信息产业的内容支撑和创意设计提升，加快培育双向深度融合的新型业态。

要素市场日趋完善。推动文化资产评估和交易体系建设，为知识产权、人才、信息、技术等文化要素合理流动奠定基础。加快文化投融资体系建设，丰富资本市场交易渠道，建立起金融资本、社会资本与文化资源有效对接的便捷通道。

二、锐意改革，激发传统行业活力

对文化艺术、广播影视、新闻出版三大传统行业，重点扶持原创和精品生产，创新网络文化服务模式，繁荣文学、艺术、影视、音乐创作和传播，积极鼓励文化输出。创新体制机制，加快培育多元化市场主体，激发国有企事业单位经营活力，加快推动混合所有制企业和非公企业成长壮大。

（一）文化艺术

1. 鼓励精品和原创作品制作

重点扶持能够代表北京地域文化特色、具有北京京味文化的剧目创作，成就一批能够体现时代精神、富有艺术内涵，具有广泛社会影响力和票房号召力的驻场演出项目和地域经典文化剧目。鼓励著名导演、编剧等优秀创作人才设立工作室，创作划时代剧目作品。深度开发保留剧目，新创和复排传统剧目，加快中小型特色剧目的创作，高水平引进、改编世界经典剧目。

2. 支持多元化综合发展

加快推进经营性文化艺术事业单位转企改制，通过政府购买服务、原创剧目补贴、以奖代补等方式，扶持转制院团发展，积极引导其与外资企业、民营机构等开展全方位合作，尽快形成一批有特色、有实力的骨干演艺企业。鼓励扶持有条件的大型演艺机构充分利用自有资源，适时兼并关联企业，搭建集演艺演出、影视制作、场馆经营、体育赛事、休闲旅游为一体的文化艺术经营综合体，建立贯穿艺术生产、制作、宣传、票务销售和演出场所等在内的全产业链。以剧目演出和制作为核心，培育和引进相关的演艺培训、音像制品、演艺道具和衍生品开发等产业业态。加快文化艺术演出市场产业化运营，健全包括剧目制作商、剧目经纪商、剧院经营商、演艺代理、衍生品开发、版权代理、品牌宣传等在内的完整演艺产业链。

3. 有效统筹文化设施资源

盘活现有文化设施资源，着力建设主题型综合性演出中心及特色化小剧场群，充分运用奥体中心、园博园以及旅游景点现有建筑统筹安排综合演艺功能，为重点院团对接较为固定的演出场所。加快演艺基础设施改造和文艺演出院线建设，安排专项资金用于对剧院设施改造和设备更新方面的投入，加大对小剧场的改造和扶持力度，建设特色文化演出场所。推动完成北京歌舞剧院剧场、北方昆曲艺术中心等一批市级和区县级文化设施建设。积极争取新的国家级文化设施落户北京。

4. 开拓文化演艺消费市场

举办北京文化消费季，培养文化消费理念，推动惠民文化消费。建设剧院式和实景式演出平台，策划实景演出剧目，利用声光电等高科技手段，增强演出感染力和艺术表现力。吸引国际著名剧团来京巡演、大型国际艺术交流活动、全国各省市优秀舞台节目来京举办。支持优秀剧目“走出去”，支持各类艺术表演院团赴国（境）外演出，扩大本市文化演艺作品在海内外的影响力。

5. 推动设立剧院发展基金

调动社会力量支持文化建设，鼓励社会各界、企业和个人资金发起设立剧院发展基金（TDF），形成票房收入、政府补贴、基金会支持、社会捐赠、企业赞助合力支撑文化演出市场的良好格局，推动剧院持续良性发展，不断改善文艺演出环境。

（二）广播影视

1. 鼓励市场化改革创新

在坚持播出权特许经营前提下，允许制作和播出分开。鼓励专业节目策划制作机构发展壮大。重点发展数家大型传媒集团，塑造有全球影响力的知名品牌。完善现有影片收入分成格局，在电影播映市场上尝试建立动态调整的分账模式，加大对创作方和制片方的利益保护。设立北京市影视产业扶持专项资金，加大对影视创作、生产、发行、放映、出口等环节的扶持力度。

2. 推动产业数字化转型

全面推进三网融合，扩大高清电视用户群体的覆盖范围，鼓励交互式网络电视、视频点播、手机电视创新型业务应用，面向多平台、多通路，加快依据媒体形态定制节目内容的创作生产，加强内容集成播控平台建设。以高清交互式数字电视网络为基础，积极布局下一代广播电视网（NGB），推动智慧社区、智慧家庭建设。加快电影全产业链数字化进程，实现电影制作、发行、放映、存储、监管等环节的全数字化。

3. 推进影视核心资源集聚发展

制定鼓励影视传媒企业在京发展的优惠政策，吸引一批专业化、社会化的影视制作实体机构落户，积极引导内容策划、拍摄制作和发行销售等行业高端企业来京拓展业务。鼓励专业化媒体技术服务公司和掌握核心技术的企业在京发展，鼓励影视传媒集团在京设立分公司开拓市场业务，重点扶持行业龙头企业和大型民营影视机构规模化经营。

4. 提高影视品牌活动影响力

积极吸引和承办影视行业内最具影响力的节展、颁奖活动。办好北京国际电影节等大型国际品牌活动，搭建起文化影视产品国际贸易和项目合作的对接平台。持续提升北京大学生电影节等品牌的影响力。创新首都电视节目交易会、北京放映等活动运营模式，提升在业内的知名度。

（三）新闻出版

1. 完善出版市场体系建设

继续推进国有经营性出版单位转企改制，对按规定转制的重要出版企业探索实行特殊管理股制度。降低社会资本进入门槛，在坚持出版权特许经营前提下，允许图书策划、制作和出版分开，允许非公企业参与对外出版、网络出版，参与出版发行各环节经营活动。建立完善版权代理人制度，加快专业化版权代理机构队伍建设。进一步规范出版经纪活动，在图书出版、宣传营销、版权输出、海外推广与传播中建立出版经纪人队伍。完善市场利益激励机制，建立公平合理的数字出版产业链利益分配格局，提高出版商在销售数字出版产品中的收入分配比例。探索建立文化创意产业著作权、版权等无形资产评估确权体系。

2. 推进新兴出版业态发展

加快传统出版行业的转型升级步伐，推动数字技术、网络技术与传统出版业融合发展，鼓励传统出版企业聚焦各自专业优势领域开展数字出版业务，不断开拓新兴增值业务领域。加快推动数字化教育出版平台建设，重点发展教育类电子出版物、电子书、手机出版物等以数字化内容、数字化生产和数字化传输为主要特征的出版新业态。加快数字出版产业链布局，建设国家级数字出版产业基地。提高数字版权集约水平，健全智能终端产业服务体系，推动产品设计制造与内容服务、应用商店模式整合发展。

3. 加大版权保护力度

深入开展网络版权保护专项行动。加快推进正版示范体系建设，推动北京著作权调解联席会议和北京著作权调解中心建设。在首都版权产业联盟的基础上，组建首都版权人才智库，完善版权要素市场。进一步发挥现有版权交易场所作用，完善版权评估和交易功能。建立健全知识产权保护体系，完善文化创意产业版权、专利、商标、设计的管理机制，提升知识产权服务水平。加强对消费市场的正确引导，培育正版消费理念。

4. 加快行业走出去步伐

加快版权服务贸易国际化步伐，优化出口审批制度，简化海关报批手续，丰富贸易形式，扩大版权出口贸易规模，进一步提升首都版权贸易服务能力。支持龙头企业集团加快海外版权输出，扩大国际版权交易规模，重点扶持具有民族特色的优质图书、期刊和数字出版物等产品与服务的出口。积极培育外向型出版企业，鼓励企业开拓国际市场。研究制定鼓励版权输出等方面的扶持政策，积极申办“世界图书之都”。

三、重点突破，加快优势行业成长

对广告会展、艺术品交易、设计服务三大优势行业，利用现代信息技术加快推进商业模式与营销模式创新，通过政策扶持、平台建设和主体培育，汇聚各类创新要素，让一切知识、技术和专业服务的活力竞相迸发，让一切有助于文化内涵提升、创意塑造的源泉充分涌流，推动行业规模加速壮大。

（一）广告会展

1. 支持跨媒体综合运营

在发展电视广告、报刊广告、户外广告等传统广告领域的基础上，提高广告策划科技含量，不断推进广告业与新媒体融合，推动网络广告、移动媒体广告和社交媒体广告等新型广告形式健康有序发展，努力提升广告设计、创意策划、媒介投放、效果评估、产品展示等产业链关键环节的发展水平。整合广告经营资源，鼓励实力强的广告企业通过兼并、重组、合作等方式，组建一批具有国际竞争力的大型广告集团。鼓励传统广告企业跨界运营，充分利用网络广告、嵌入式广告、互动广告、二维码广告等新颖广告形式，创新商业模式与营销模式，不断开拓业务领域。

2. 吸引行业高端要素汇聚

制定并落实各项优惠政策，加快广告业核心要素在京聚集，促进广告创意、设计制作、在线实时分析与大数据处理技术等产业链关键环节的规模化、品牌化、专业化发展。建立、完善广告专业人才培养引进机制，加快建设本市广告人才评价中心和广告人才库，吸引高端专业人才来京发展。建立以高等院校广告专业、设计艺术专业、传媒专业和研究机构为依托的广告人才培养基地，通过定向培养、实训实习、在职研修等方式，不断提升广告人才专业化素质和业务水平。

3. 提升专业服务能力和活动影响力

提升会展业精细化服务能力，构建从展会策划、申办、承办、宣传到接待一体化服务通路，形成完整的会展服务产业链。推进会展服务与国际标准接轨，强化各专项服务之间的协同与对接。充分利用本市现有场馆资源，吸引一批国际大型展览展示、交易博览、品牌发布、贸易洽谈等商务活动在京举办。积极支持具有较高国际知名度、品牌效益和国际影响力的会议展览、体育赛事等高端会展和文化品牌活动定期举办，重点搞好中国北京国际文化创意产业博览会、中国国际网络文化博览会和中国（北京）艺术品产业博览会三个全国性盛会。利用中国北京国际科技产业博览会平台，加快实施文化科技融合，推动文化产业创新转型。鼓励中国国际时装周等具有一定国际影响力的文化会展活动在京举行。

（二）艺术品交易

1. 丰富艺术品展现渠道

吸引国内外艺术创作机构和个人来京建立工作室、创作室、新媒体艺术中心和视觉实验室，不断开拓艺术创作领域，鼓励创作具有北京特色的传统工艺美术精品，丰富艺术品种类和展现形式。扶持壮大一级市场，鼓励民营和外资机构成立各种类型的艺术品经营机构，支持画廊、艺术品专营店、文化艺术中心等艺术品市场主体的发展，建立起畅通的原创艺术作品展示与价值实现通路。

2. 规范艺术品交易市场

建立健全集艺术品评估、鉴定、拍卖、展示、保险等服务于一体的艺术品交易全产业链。加快培育艺术品中介服务机构，统一服务标准，规范服务流程。加强行业自律，在艺术品咨询、防伪、登记、鉴定、评估等重点环节提高行业准入门槛，规范艺术品中介市场服务行为。建立健全艺术品交易信用体系，引入企业信用评级系统，强化对古代、近现代艺术品经营资质的认证。规范鉴定服务市场，加快建立艺术品鉴定备案数据库。完善艺术品市场经纪人代理制度，强化市场监管。重点扶持全国排名前列的知名艺术品拍卖企业的发展，扶持特色化发展、聚焦细分艺术品领域的专业拍卖公司成长壮大。加强艺术品市场管理，规范艺术品交易各方参与者的市场活动。

3. 推动艺术品交易电商化和金融化

建立艺术品交易信息的标准化登记和认证制度，推进交易和拍卖环节电子商务建设。完善艺术品交易的网上支付功能，建设诚信度高、交易便捷、品种丰富的艺术品电商平台。推进艺术品交易多种投资服务，降低艺术品投资风险。吸引银行等金融机构参与推动艺术品质押融资，加快艺术品交易流通速度，推进艺术品交易市场规范有序发展。

（三）设计服务

1. 塑造“设计之都”品牌

充分发挥北京作为联合国教科文组织创意城市网络设计之都优势，积极对接联合国教科文组织以及创意城市网络资源，举办中国创新设计红星奖、“设计之都—设计之旅”、中国设计节等设计品牌活动。坚持办好北京国际设计周，汇聚国内外高端设计资源，推动设计成果转化，扩大中国设计品牌影响力。

2. 培育和吸引优秀设计主体

支持龙头设计企业做强做大，推出北京设计百强企业，形成一批产业带动力强的十亿级规模行业领军企业，重点扶持市内知名品牌设计机构成长壮大，加快培养一批国际知名的设计机构。激发中小微企业、设计工作室和个人设计师的创意活力，支持中小微设计企业做专做精。吸引国际一流的设计组织、跨国公司和境外著名设计机构来京设立设计中心或分支机构。吸引国际设计人才落户北京设计企业，鼓励联合开展项目研究与人才交流，推动北京设计企业与国外企业开展合作。鼓励发展专业化设计公司和以院所为依托的设计室，支持骨干企业设立独立设计机构。鼓励和支持公民及法人以设计类知识产权作价出资创办企业。

3. 搭建产业创新平台

加强中国设计交易市场建设，鼓励有条件的大型企业设立工业设计中心，建设一批国家级工业设计中心。建立设计资源共享平台，为设计创新提供仪器设备、科学数据、软件程序、检验检测、快速制造等公共服务，促进设计成果交流、转化和产业化。建立工业设计、平面设计、建筑设计、工程设计、动漫设计、工艺美术设计、服装设计、集成电路设计等设计行业协会联合机制。推动优势设计企业根据产业联系，实施跨地区、跨行业、跨所有制业务合作，打造跨界融合的产业集团和产业联盟。鼓励建立设计业创新联盟。在高端装备制造、电子信息、新能源汽车、生物医药、航空航天等重点行业，开展一批设计提升产业的示范项目，推动企业与设计公司对接，提升相关产业发展。鼓励有条件的龙头骨干企业在京建立设计创新中心，对符合条件的中心予以认定，引导社会资金加大投入。重点发展工业设计、平面设计，大力发展建筑设计、工程设计、动漫设计、工艺美术设计，提高服装设计、集成电路设计等领域的发展水平。

4. 加强设计教育培训

支持行业协会、龙头企业充分利用所属资源，加强与国内外著名设计专业院校的交流合作，建立创意设计高校教育实训基地，加强创意设计学科建设，推动创意设计理论教育和实践培训相结合。完善设计人才的再教育机制，支持创意设计劳动技能培训机构的发展，不断提升设计人才的专业技能和专业素养。建立健全设计专业技术人员职业资格认定制度。

四、开拓创新，推动业态融合发展

充分发挥文化引领作用，加快文化元素与产业的研发、设计、营销等环节的融合融入，改变传统生产与消费模式，转变传统增长机制，推动向产业链两端延伸、价值链高端攀升，加快产业结构创新、链条创新与形态创新，提高产业链整体发展水平和创新创意能力。加快新业态培育，推动文化创意产业与科技、金融及其他产业融合发展、互促共赢。

（一）文化科技融合

文化与科技融合是当前文化创意产业发展的重要趋势。依托高新技术增强文化产品的表现力、感染力、传播力，强化文化对科技手段的内容支撑、创意和设计提升，促进文化与科技双向深度融合。加快高新技术成果向文化领域的转化应用，重点培育动漫游戏、移动互联网应用、视听新媒体、3D打印和绿色印刷等新兴文化业态。随着时间推移和产业演进，文化与科技融合将催生更多的文化产品与服务新业态。

1. 动漫游戏

扶持原创作品的创作生产。深入挖掘优秀文化资源，推动动漫游戏产业优化升级，打造民族品牌。加快扶持具有示范和引领作用的优秀原创动漫作品的创作生产，推进动漫内容创作、音乐创作、形象设计、节目制作、版权交易的发展，支持数字高清技术和三维动画电影技术的研发和运用，推动动漫游戏与虚拟仿真技术在设计、制造等产业领域中的集成应用，加强对移动终端动漫作品的开发与推广，不断开拓动漫衍生产品市场，完善和拓展动漫产业链。推动网络游戏、手机游戏、电子竞技和虚拟现实体验的发展，重点支持具有自主知识产权的网络游戏技术、游戏运营平台和具有民族文化特色的原创游戏产品的研发、推广与出口。

搭建动漫行业服务平台。构建公共支撑体系，提升对动漫内容创作、素材资源库管理、产品交易、渠道发行与版权保护的服务能力和服务水平。搭建动漫内容的制作平台、作品的宣传营销和全媒体分发平台、衍生品设计开发和授权平台，建设完整的动漫产业链。加大对动漫游戏公共技术服务平台的建设扶持力度，为动漫游戏开发者提供支付系统、交易模式策略、数据管理等基础开发架构，提供跨平台的用户行为分析等后端服务。鼓励动漫引擎类企业发展，提高动漫产品开发速度和制作精良度，推动行业高标准化发展。

搭建多平台传播渠道。依托媒体数字化、网络化和移动化发展趋势，积极开拓数字电视频道、视频网站、移动媒体等多平台传播渠道，加快多元化业务模式和赢利模式培养。

2. 移动互联网应用

推广社会消费服务。推进重点领域的示范应用，重点发展和推广移动阅读、移动社交和移动电子商务服务，以及基于地理信息的移动位臵服务等市场容量大、用户基础好的各项热门应用。推进各类移动支付工具应用，完善移动金融服务，促进付费移动应用业务的开展，带动文化消费市场繁荣发展。

推动行业合作发展。依托移动互联网领域相关产业技术联盟，紧紧抓住大数据、云计算、社交网络和移动电子商务等产业焦点，构建起风险投资驱动、关键技术牵引、创新应用示范的产业良性发展格局，建设国际一流、国内领先的移动互联网应用服务产业集群。提升符合行业定位的园区承载能力，形成龙头企业牵引、中小企业协作发展的产业集聚化发展态势，建设富有国际竞争力的移动互联网创新型产业集群。

建设行业公共服务平台。建设包括公共服务资源池、技术支撑平台、应用服务平台、市场拓展平台和产业化促进平台在内的移动互联网产业化支撑体系，为移动互联网产业链上下游企业提供从产品研发、成果转化、市场拓展到项目融资等环节的全程服务与支持。加快移动支付平台建设。

3. 视听新媒体

提前谋划行业布局。牢牢把握"三网融合"、新一代移动通信、下一代互联网发展机遇，以视听内容创作为核心，加快高新技术在视听新媒体领域的广泛应用与渗透，形成以网络电视、手机电视等业务领域协同发展的新格局。积极布局移动视听、数字娱乐等增值业务，大力发展各类新媒体业务，丰富文化产品的表现力，抢占视听新媒体领域产业发展的制高点。推进数字电视终端制造业和数字家庭产业与内容服务业融合发展，提升全产业链竞争力。

着力突破行业关键技术。加快新媒体技术领域的研发投入，重点支持行业龙头企业、科研院所及高等院校等创新主体，在数字技术、网络技术、新型显示技术、虚拟现实技术、多媒体交互点播等视听新媒体领域的关键共性技术上实现突破，支持企业、科研院所和国家级、北京市及行业重点实验室牵头或参与制定一批视听新媒体领域重大技术标准。

4.3D 打印

加快推进产业化进程。加大对 3D 打印技术研发和产业化的扶持力度，以个性消费和定制服务为主，着力突破低成本材料与制造、智能人机交互、创意设计服务平台等关键技术，降低大众消费门槛和专业设计成本，推动高端设计产业跻身国际先进水平。加强国际间技术交流与合作，完善相关领域技术规范与标准建设，加快 3D 打印技术走向成熟化。设立 3D 打印产业化专项扶持资金，重点推进数字化、控制软件、打印设备、成型材料等关键技术的研发。加大对 3D 打印产学研合作的支持力度，对产业化发展前景良好的企业在行业应用解决方案推广等方面给予重点扶持。

推进行业深度合作发展。推进产学研用一体化发展，建立以企业为主体、市场为导向、产学研深度合作的技术创新体系。积极引导高等院校、科研院所、工业设计企业、软件开发企业、材料研发机构、3D 打印服务应用提供商等各类组织机构，建立完善 3D 打印产业技术创新联盟和应用推广联盟，共同推动3D打印技术研发和行业标准制定。

引导社会化普及推广应用。开展 3D 打印技术的应用研讨、解决方案展示、普及宣传和市场推广活动，举办各类 3D 创意大赛，不断推进 3D 打印应用的示范力度。促进 3D 打印研发制造企业和文化创意企业的交流与合作，鼓励行业知名企业率先应用 3D 打印技术，在重点领域推广行业应用解决方案。支持企业、社会资本参与 3D 打印在线服务平台与交流平台的建设，加快 3D 打印社会化普及应用。

5. 绿色印刷

推动产业转型升级。鼓励应用数字、网络技术改造传统印刷业，建设数字资产管理系统和印刷电子商务系统，推进数字绿色印刷发展。重点发展高仿真复制、安全防伪等高技术含量、高附加值的特色印刷，引导印刷复制加工向综合创意和设计服务转变，促进印刷业现代化。以中小学教科书、政府采购产品和食品药品包装为重点，鼓励并引导出版、包装、印刷全产业链采用环保工艺技术，实现生产制造和产品的零污染，加快推进票据、票证等其他领域绿色印刷认证工作，大力推进绿色印刷进程。

培育行业优势企业。推进印刷高新技术企业的认证工作，对重点技术改造项目给予扶持。鼓励本市印刷领域龙头企业积极参与“国家印刷示范企业”认定工作，对认定企业给予项目资金、政策等方面扶持。支持重点印刷企业采用高新技术实现印刷数字化和数字印刷，提高技术应用水平。建立技术标准体系。加快推动绿色印刷产品认证，鼓励本市印刷企业积极改进工艺技术，落实国家制定的绿色印刷标准，鼓励企业按照印刷行业清洁生产标准进行治理。建立印刷企业质量管理评价制度，加强对印刷产品的质量监督检测。逐步推广质量管理体系、环境管理体系、职业健康安全管理体系和森林体系认证，规范企业运营管理。

加强关键技术研发。鼓励印刷企业自主开发新技术、新工艺、新产品，引进先进设备，加强环保印刷版材和印刷材料的研制和推广应用。完成基于纳米技术的超亲水版材、纳米复合转印材料的产业化关键技术研究，开发高精度绿色制版系统，实现绿色制版技术产业化。突破环保型印刷制造技术，开发绿色油墨产业化关键技术，完成新一代数字喷墨等数字印刷装备及配套耗材的研制。开发网络出版印刷系统平台，攻克多色平版印刷机制造关键技术和印刷装备绿色化、增值印刷、功能印刷、能效检测等共性技术，开发自动化、智能化印后设备及辅助装备，解决发展数字印刷及绿色印刷产业所需的装备支撑。开发印刷电子材料工艺及绿色印刷所需的环保装备，进一步完善绿色印刷产业链。

（二）文化金融融合

金融在现代经济社会发展中的支撑作用日益凸显。充分利用好金融资本推进文化创意产业发展壮大的倍增功能，优化各项资源与要素组合，实现文化创意产业和金融的有效对接。充分发挥金融资源配臵的先导作用，满足文化创意产业发展的融资、投资、交易、风险管理等需求，实现文化创意产业跨越式发展。

1. 大力发展文化消费金融

培育消费信贷市场，创新消费金融产品，提升金融对文化消费的保障服务能力，满足产业多层次的文化消费信贷需求。鼓励第三方支付机构发挥贴近市场、支付便利的优势，提升文化消费便利水平。加强网上银行业务推广，提高网络支付应用水平，改善演艺娱乐、文化旅游、艺术品交易等行业的银行卡刷卡消费环境。鼓励移动互联网创新型支付业务的推广应用，促进文化消费市场繁荣发展。

2. 丰富文化信贷产品和服务

探索建立符合文化企业特点的信用评级制度。对于处于成熟期、经营模式稳定、经济效益较好的文化创意企业，优先给予信贷支持。积极开展对上下游企业的供应链融资，支持企业开展并购融资，促进产业链整合。对于具有稳定现金流的企业，可发放应收账款质押贷款。对于具有优质商标权、专利权、著作权的企业，可通过权利质押贷款等方式，逐步扩大收益权质押贷款的适用范围。

3. 加快文化投融资服务体系建设

推动北京市文化投资发展集团发展成为首都文化投融资平台、重大项目实施主体和文创企业股权投资主体，形成资产规模达千亿的首都文化领军企业。鼓励金融机构探索适合对外文化贸易特点的信贷产品和贷款模式，开展供应链融资、海外并购融资、应收账款质押贷款、仓单质押贷款、融资租赁、银团贷款、联保联贷等业务。研究推动成立北京市文化科技融资租赁公司，积极筹建民营文化银行，为中小文化企业提供专业化的金融服务。创建包括股权投资、融资担保、文化贷款、企业孵化等在内的全产业链文化投融资服务体系。支持发展文化类小额贷款公司，探索支持小微文化企业发展和文化创意人才创业的金融服务新模式。

4. 加快推进企业直接融资

鼓励大中型文化企业采取短期融资券、中期票据、资产支持票据等债务融资工具优化融资结构。支持具备高成长性的中小文化企业通过发行集合债券、中小企业私募债等拓宽融资渠道。引导私募股权投资基金、创业投资基金等各类投资机构投资文化产业。支持文化企业通过资本市场上市融资、再融资和并购重组。支持文化创意企业在股份转让系统等挂牌交易。探索利用新兴互联网金融模式，拓宽融资渠道。

（三）文化与其他领域融合

文化贯穿在经济社会各领域各行业，呈现出多向交互融合态势。随着经济社会快速发展，创意、设计、品牌等文化要素在提升产业核心竞争力中的作用日益凸显。文化与旅游、体育、商务等第三产业领域已实现双向深度融合，在农业、制造业等传统领域也开始体现价值，发挥作用。推动文化创意产业与其他产业融合发展，有助于促进产业结构创新、链条创新、形态创新，催生新技术、新工艺、新产品，进一步丰富各行各业文化内涵，提升原有产业的文化品位，并创造出新的消费需求。

1. 文化旅游融合

赋予旅游产业更多文化内涵，提升旅游业发展质量。推动特色文化旅游发展，促进发展参与式、体验式等新型业态。发展新型乡村生态旅游，支持开发康体、养生、运动、娱乐、体验等多样化、综合性旅游休闲产品，建设一批休闲街区、特色村镇、旅游度假区，打造便捷、舒适、健康的休闲空间，提升旅游产品开发和旅游服务设计的人性化、科学化水平，满足广大群众个性化旅游需求。深度挖掘北京皇城文化、老北京民俗文化等传统文化旅游资源，发展具有北京地域特色的戏剧、文学、绘画、音乐以及传统民俗、传统商业、传统娱乐等京味文化主题旅游项目。开辟以名人故居、会馆、胡同和传统街区为核心的历史文化旅游街区，将北京胡同游和老北京深度体验与社区参与紧密结合。依托本市高等院校、科研院所、科技园区、工业设施众多的资源优势，发展校园观光、科技观光、科教文化体验、工业旅游等旅游服务。扶持旅游演出，繁荣夜间旅游市场，促进旅游消费。

2. 文化体育融合

依托奥运财富，提升本市现有体育场馆综合利用水平，为开展各类赛事、展会、演出等提供场所。创新体育服务和产品供给，鼓励和引导各类体育企业按照市场需求，不断推出新服务、新产品，满足市民日益增长的文化体育消费需求。大力发展户外、极限、康体、电子竞技、体育演艺等新型体育休闲娱乐产品，促进体育场馆经营、体育赛事和文化体育产品开发与旅游相结合，丰富市场供给。借助申办2022年冬奥会契机，健全政府监管、社会承办、市场运作的办赛模式，引导社会力量参与申办和举办高水平国际体育赛事，逐步实现赛事主体多元化，提高赛事运营市场化水平。加快制定完善相关政策措施，支持国有企业参与体育赞助和市场开发，鼓励民间和境外资本投资体育产业，形成共同促进、良性循环的发展格局。积极培育体育中介服务组织。

3. 文化商务融合

推动文化与商务全面对接，深度融合，协调发展。加快推进商贸领域的文化创意、科技研发工作，强化商品和服务的文化内涵，用文化进一步提升商品增值空间。加速文化产品和服务与现代商业流通方式、综合商业服务设施的有机结合，构建新型文化产品服务流通网络，扩大文化消费需求，丰富文化消费服务手段，培育文化消费新增长点。注重增强特色商业街区的文化底蕴，推进文化产业特色商业街区的建设。充分挖掘北京传统文化商业价值，增强“老字号”品牌的文化传承力和影响力。发挥首都作为国际交往中心的优势，大力发展首都文化产品与服务对外贸易，鼓励支持有实力的文化企业承担国际文化服务贸易项目。引导社会资本加大投入，打造一批国内外知名的文化商务服务、产品和活动品牌，加快培育首都现代文化商贸服务体系，形成具有首都特色的新型文化创意产业形态和商务文化氛围。

4. 文化制造融合

鼓励文化企业与制造企业深度合作，通过形象授权、限量复制、加盟制造、委托代理等形式开发文化衍生产品。加快将文化元素融入制造业研发、设计等价值链高端环节，支持基于新技术、新工艺、新装备、新材料、新需求的设计应用研究，促进工业设计向高端综合设计服务转变，推动工业设计服务领域延伸和服务模式升级。综合利用工业设计、品牌策划、营销推广等文化创意手段，提升制造业的文化附加值，加快高端装备制造业产品的外观、结构和功能设计，实现“北京制造”向“北京创造”转变。提高消费品工业的产品设计水准，提升消费品文化内涵和附加价值，引领时尚潮流，引导本市文化消费升级。

5. 文化农业融合

依托本市各区县的特色农业，充分挖掘文化内涵，提高农业领域的创意和设计水平，推进农业与文化、科技、旅游的融合，推动创意农业的发展。加强都市休闲农业与乡村旅游经营场所的创意设计，支持建设集农耕体验、田园观光、教育展示、文化创意于一体的休闲农业创意园。鼓励举办农业嘉年华等活动，塑造农业知名品牌，打造特色鲜明、兼具休闲娱乐和教育普及功能的农业主题公园。利用现代信息技术创新具有地域文化特色的农产品营销模式。

6. 居住环境人文化

提高城市公共空间和公共艺术的规划水平和设计品质，以创造历史、追求艺术的高度负责精神，塑造首都城市新形象。加强对北京传统文化的保护与传承，加快修缮和保护皇家建筑，重点保护传统地域文化景观，对四合院等民居文化进行整体性和有机性保护。在保护文物等有形文化遗产的基础上，推动历史内涵、民间艺术、民俗风情等非物质文化遗产与科技融合，合理利用非遗项目开发具有地方特色和市场潜力的文化产品，拓宽文化服务领域，赋予传统文化新的活力，让“居民记得住乡愁”。对具有北京文化特色、市场开发前景广阔的优势文化资源和非物质文化遗产，树立产业化的发展思路，制定合理的营销策略，集中力量培育优势文化品牌，让古都北京在文化宜居中焕发蓬勃朝气，成为历史底蕴厚重、时代特色鲜明的人文空间。

五、系统设计，建立完善保障体系

（一）深化文化体制机制改革

1. 创新文化管理体制

在市文化改革和发展领导小组指导下，组织研究论证全市文化改革和发展中的重大政策、重大举措、重大项目，相关单位负责执行落实。继续完善管人管事管资产管导向相结合的国有文化资产管理体制，坚持把社会效益放在首位、社会效益和经济效益相统一。进一步放宽市场准入，实行负面清单动态管理，降低行业准入门槛，简化准入程序。支持行业协会、联盟等建设，发挥社会组织推动产业发展作用。建立和完善文化市场监管机制，推进监管制度化、规范化、程序化、法治化建设，加快监管工作的信息化推进力度。

2. 推进国有文化单位改革

制定国有文化单位监督管理规章制度，在企业设立、对外投资和担保、绩效考核、领导人任免等环节建章立制，依法履行出资人职责。建立与企业发展业绩紧密挂钩的薪酬体系制度，增强经营者责任意识，激发工作潜能，提升国有文化企业经营活力。经营性文化事业单位转制为企业，要做好资产清查、资产评估、产权登记等基础工作，依法落实原有债权债务。加快经营性文化事业单位转企改制后公司股份制改造，完善法人治理结构，形成符合现代企业制度要求、体现文化企业特点的资产组织形式和经营管理模式。

3. 推动文化创意产业立法和政策配套

研究制定《北京市文化创意产业促进条例》，明确产业相关主体权利和义务。围绕奖励文化精品创作、培育龙头文化企业、扶持小微和少数民族文化企业等，研究制定有针对性的配套政策。搭建市区两级政策平台，发挥北京文化创意产业展示中心作用，促进政策发布和执行各环节有机衔接。围绕提升产业竞争力，推动建立文化创意产业与相关产业融合发展的技术标准体系，并积极参与国家标准制定。强化政策统筹管理，建立健全政策评价指标体系。深入研究利用免征图书批发和零售环节增值税、重点鼓励的文化产品和服务出口实行营业税或增值税免税等税收政策，促进产业发展。

4. 加强财政资金扶持引导

强化市区两级资金统筹，在扶持方式、扶持方向、扶持对象等方面相互支撑、合理衔接，充分发挥合力。科学安排市文化创新发展专项（产业类）资金，优先保障并重点扶持有利于提升产业质量、增强产业实力的重大项目，加大对中小企业、初创企业的资金扶持力度。

创新政府投入模式，采取贴息、奖励、股权投资等方式，鼓励和引导社会资本投入文化产品与服务。加大对文化出口的支持力度，推动文化服务出口、境外投资、营销渠道建设、市场开拓、公共服务平台建设。

5. 推进京津冀一体化发展

立足新时期首都城市战略定位，重点发展设计、研发、品牌、营销等文化创意产业高端环节，突出高端化、服务化、集聚化、融合化、低碳化。按照北京主体功能区分类，积极推动文化资源和要素由中心城区向远郊区县转移，实现全市文化创意产业协调发展。根据京津冀三地经济发展水平和产业发展特色，合理安排产业分工，加强产业协作，形成优势互补的区域一体化产业发展格局。大力破除流通和支付等环节障碍，推动三地及环渤海区域在文化生产、文化交易、文化消费等领域开展深度合作，推行居民文化消费补贴制度，共同促进区域文化市场繁荣互利。

6. 推动文化走向世界

支持拓展文化出口平台和渠道，鼓励各类企业通过新设、收购、合作等方式，对外开展文化领域投资合作，建设国际营销网络，扩大境外优质文化资产规模。支持重点传媒企业在海外实施公司化运作、本土化战略、全媒体发展。推动文化产品和服务出口交易平台建设，支持文化企业参加重要国际性文化展会。支持文化生产和传播机构同主流信息平台建立合作对接机制，鼓励文化企业借助电子商务等新型交易模式拓展国际业务。完善支持文化产品和服务走出去政策措施，鼓励企业参与国际文化市场竞争，输出中华优秀文化产品，培育一批具有国际竞争力的外向型文化企业。加快建设“北京文化地图”，搭建网络交流合作平台。

（二）加强文化要素市场建设

1. 完善产权市场体系建设

加强文化产权管理和运营，推动文化产权投融资服务和资产证券化业务的开展。推动文化产权质押融资业务的推广，扩大对中小企业融资需求的支持力度。积极引导各类风险投资机构参与科技创新型文化创意产业领域的产业化投资，活跃知识产权交易，促进文化产权流通和产业化运作。完善知识产权入股、分红等形式的激励机制和管理制度，提升企业知识产权综合能力，培育一批知识产权优势企业。

2. 重点搭建文化产权交易平台

推动成立北京市文化产权交易中心，创新运营模式、交易制度和交易品种，开辟文化企业与社会资本对接渠道，引导文化要素有序流动，促进产业核心资源有效配置。

3. 建立健全知识产权保护体系

加强对创意作品及形象的专利申请、商标注册、软件著作权登记等工作，提升知识产权服务水平。建立创意作品著作权登记资助制度，研究制定鼓励版权输出等方面的扶持政策。加快数字版权保护技术研发，推动数字取证技术进步和相关中介服务机构的发展，提高对数字版权的保护能力。充分调动文化创意产业社会组织的积极性，建立企业、社会组织、政府三方协调的知识产权保护新机制。加大侵权整治力度，保障创意主体的合法权益。

（三）加快扶持市场主体发展

1. 塑造品牌企业

大力培育合格市场主体，积极塑造品牌企业，引领带动产业发展。扶持国有或国有控股大型文化企业（集团）做强做大，鼓励有实力的文化企业以资本为纽带，实行跨地区、跨行业、跨所有制、跨媒体兼并重组，建设一批具有较强国际竞争力的首都文化领军企业。通过重大项目引进、重点工程建设，吸引品牌企业落户重点文化园区，优化完善全市文化创意产业布局。鼓励知名企业开发富有首都特色、市场前景广阔、具有核心竞争力的品牌文化产品。

2. 支持中小文创企业成长

加快培育多元化市场主体，鼓励和引导社会资本以多种形式投资文化创意产业，参与国有经营性文化单位转企改制。扶持演艺经纪、票务销售、会展策划、版权代理、创意设计等产业链不同环节的发展，支持个人工作室、独立策划机构等中小创意企业成长，形成特色化经营、专业化服务。完善政府采购、信贷支持等多种服务形式，扶持中小文化创意企业发展。研究制定小微文化企业孵化培育计划，鼓励搭建小企业融资担保平台，推动大、中、小文化企业协调发展。

（四）整合各类设施土地资源

1. 保障产业配套用地需求

在国家土地政策许可范围内，优先安排国家级和市级重点文化创意产业园区、基地建设用地。优先保障本市文化创意产业重大项目和龙头企业新增建设用地需求。

2. 挖掘各类土地资源

依托丰厚文化资源，拓展物质和非物质文化遗产传承利用途径，促进文化遗产资源在与产业和市场的结合中实现传承和可持续发展。支持利用工业厂房、仓储用房、礼堂、剧场、影院、老旧商业设施等存量房地资源转型兴办文化创意企业。充分调动社会各界力量兴建文化创意产业基础设施，对民营机构投资兴办剧场等文化创意产业基础设施，给予土地、财政、金融等方面的支持。

3. 创新土地资源开发利用模式

支持以划拨方式取得土地的单位利用存量房产、原有土地兴办文化创意和设计服务，在符合城乡规划前提下土地用途和使用权人可暂不变更，连续经营一年以上，符合划拨用地目录的，可按划拨土地办理用地手续。不符合划拨用地目录的，可采取协议出让或租赁方式办理用地手续。支持国有文化事业单位转企改制，盘活原有土地资源，吸引社会资本共同设立混合所有制企业开展经营活动。鼓励国有文化企业探索利用土地资源发行资产支持证券，用于支持企业的生产经营活动。

（五）强化人才队伍系统支撑

1. 加大人才培养力度

以产业发展为导向，整合资源，发挥优势，分层次培养文化领军人物、青年文创人才，拓宽文创人才培养渠道。进一步办好高等院校艺术、设计、传媒、广告、营销等专业，加大文化科技融合型人才培养，支持高等院校开设文化科技领域的跨界学科，强化数字媒体艺术特色领域的专业学科建设。加强文化创意产业领域专业硕士的培养，培育一批既有实践经验又有理论知识的创意人才。鼓励并扶持高等院校、科研院所和文化企业，联合共建人才实训基地，加强人才的专业技能培训。推进与海外高校和培训机构的交流与合作，培养具有国际视野的创意设计、营销和管理人才。

2. 创新人才吸引机制

创新国有企事业单位激励机制，提升人才发展活力。树立大人才观，打破所有制限制，促进国有和非公单位人才双向自由流动，创造良好环境，吸引文化领军人物、文化资本运营人才、文化科技创新人才等在京创新创业。贯彻中央“千人计划”和“万人计划”，根据《首都中长期人才发展规划纲要（2010–2020 年）》制定首都文创人才发展规划。对接落实北京市各项人才扶持政策，研究制定促进文创人才队伍建设的意见。健全海外高层次文创人才引进体系，构建引进文创人才动态监督管理机制，促进文创人才有序流动和健康发展。

3. 做好人才指导和服务

完善文创人才职业发展激励措施，调整职称评定机制，研究制定文创人才评定标准，拓宽职称报考资质范围。建立文创人才培养机制、人才价值评价机制、人才考评机制，为文创人才的选拔、培养、引进、评价、流动提供指导和服务，为文创产业的发展提供强有力的人才队伍支撑。

六、深化落实，确保规划有效实施

提高思想认识。本规划是统领北京市文化创意产业发展的纲领性文件，全市各有关单位要高度重视，统一思想认识。

加强组织领导。在市文化改革和发展领导小组领导下，建立各部门、各区县的沟通机制，共同研究解决重大问题，统筹资源，形成合力，确保规划有序推进落实。

细化任务分工。各有关单位要依据本规划，结合各自职责分工，制定工作计划，做好与本规划的衔接及重大任务的分解和落实。要加强协调服务和实施指导，调动和增强社会各方面参与的主动性、积极性。

强化执行实施。各有关单位要把推进文化创意产业发展列入重要议事日程，建立推进规划落实的考核评价机制。根据形势变化和规划实施进度，可对规划进行必要的修订。

做好规划宣传。充分利用报纸、电视、网络等各类媒体，采取多种形式面向社会、面向市民宣传规划有关内容，增强社会公众特别是业内投资者、管理者、工作者和研究者对规划的认识和了解，争取各方理解和支持。

北京市人民政府 文化部 关于加快国家对外文化贸易基地（北京）建设发展的意见

京政发〔2014〕25号

文化部有关司局，北京市政府有关部门，顺义区人民政府：

近年来，我国文化贸易规模不断扩大，结构逐步优化，但文化贸易逆差依然存在，对外文化贸易占全国对外贸易总量的比重依然偏低，文化产品国际竞争力还有待进一步提升。加快国家对外文化贸易基地建设，是扩大对外文化贸易、提升国家软实力的重要举措。为进一步促进国家对外文化贸易基地（北京）（以下简称基地）健康快速发展，特制定本意见。

一、总体要求

（一）指导思想

以邓小平理论、“三个代表”重要思想、科学发展观为指导，深入贯彻落实党的十八大、十八届三中全会和习近平总书记系列重要讲话特别是考察北京工作时的重要讲话精神，加强体制机制创新，加强规划政策引导，统筹国际国内两个市场、两种资源，统筹对外文化交流与文化贸易，探索文化贸易发展新模式，将基地建设成为我国文化产品和服务“走出去”的桥头堡和主阵地。

（二）基本原则

坚持发挥市场在文化资源配置中的积极作用，激发市场主体活力；坚持统筹协调，整合中央和地方文化创新资源，搭建文化贸易高端平台；坚持出口导向，促进文化创新成果产业化，全面提升文化创新能力；坚持开放合作，在更大范围、更广领域、更高层次上参与国际文化竞争与合作，不断提升我国文化软实力和产业竞争力。

（三）空间布局

基地位于北京天竺综合保税区内，重点规划建设国际文化贸易企业集聚中心、国际文化产品展览展示及仓储物流中心、国际文化商品交易服务中心等三个功能区域，占地面积235.3亩。

——国际文化贸易企业集聚中心位于北京天竺综合保税区保税功能二区网内2-2号

地块，占地面积85亩，东至机场北线，南至保税功能二区4号路，西至规划路，北至保税功能二区3号路。

——国际文化产品展览展示及仓储物流中心位于北京天竺综合保税区保税功能二区网内1号地块，占地面积125亩，东至金航中路，南至保联二街，西至金航西路，北至保联一街。

——国际文化商品交易服务中心位于北京天竺综合保税区保税功能二区网外1号地块，占地面积25.3亩，东至规划一路，南至规划二路，西至保税功能区二区1号路，北到顺平南辅线。

（四）发展目标

到2016年，基地建设基本完成，文化贸易口岸初步形成，文化贸易体制机制更加完善，发展环境日趋优化；基地文化贸易总量明显增长，贸易结构进一步优化。

到2020年，在艺术品、影视、设计和信息服务等领域形成2至3个拥有较强国际竞争力的文化创意产业集群，掌握一批关键核心技术和标准，培育一批具有国际影响力的文化企业品牌和产品品牌，建设一批具有较强辐射力的国际文化交易平台；基地对外文化贸易额占全国比重大幅提高，文化创意产品和服务在国际市场的份额进一步扩大；基地桥头堡作用日益彰显，形成在国际文化竞争与合作格局中发挥重要作用的综合型文化贸易服务平台和国际口岸型市场，成为集文化贸易口岸、协同创新平台、企业集群式发展于一体的国家级文化贸易示范区。

二、主要任务

（一）加快基础设施建设

推动国际文化产品展览展示及仓储物流中心、国际文化商品交易服务中心建设，加快国际文化贸易企业集聚中心招商工作，完善基地内信息基础设施，统筹宽带接入、新一代移动通信、下一代互联网、数字电视网络建设，为企业集聚发展以及创意制作、仓储物流、展示交易等全产业链业务开展创造良好条件。

（二）争取设立国家文化艺术口岸

发挥基地毗邻首都机场的优势，完善、提升北京天竺综合保税区口岸在文化艺术产品进出口方面的专业功能，形成有利于文化艺术产品国际化交流的安全、高效通道。研究探索文化艺术版权、文化服务项目、文化金融产品进出口新功能，加快建设与口岸相关的实验性项目。推动国家级文化艺术口岸的申报工作，按照国家和北京市口岸发展规划的有关要求，推进口岸的全方位开放和管理体制创新。积极引进国内外一流服务商，加强口岸在文化艺术产品仓储物流、展览展示、鉴定评估、确权担保、维护修复、版权保护、交易标准制定以及交易指数发布等方面的专业服务能力，形成核心竞争力。

（三）大力发展国际版权贸易

支持代表我国优秀文化、具有自主知识

产权的版权产品进入国际市场，重点扶持具有中国特色的影视、出版、演艺、动漫、游戏、软件、网络文化等领域版权出口。利用审批手续、通关手续的优化服务，为文化企业在境内实现境外版权的采选提供便利，引进适合我国市场需求的境外优秀文化创意产品版权。推动建立集版权评估、版权质押、版权投融资、版权交易、版权保护于一体的版权贸易平台和场所，为入驻企业和专业机构提供全面、完善的系列版权服务。建设在全国具有重要影响力的版权作品登记中心、版权综合交易市场和版权资本运作平台，促进实体和网上版权贸易交易活动。

（四）大力发展跨境文化电子商务

运用云计算、大数据、物联网和移动互联网等新一代信息技术，积极申请跨境电子商务试点，构建面向国际国内文化市场快捷、安全的跨境文化电子商务新模式，实现跨境电子商务信息传递、跨境支付、关检税汇、仓储物流、国际金融等全流程服务。建设面向国际文化贸易领域的云数据中心和对外文化贸易跨境电子商务企业的云服务中心，使基地成为国际数字文化内容集成分发业务和文化创意产业综合信息化应用服务的重要平台。

（五）推动文化金融服务创新试点

利用北京天竺综合保税区国家外汇特别监管区的优势，立足于国际文化贸易的跨境结算和投融资需求，大力开展金融产品和服务创新，积极发展面向文化贸易的金融服务业，为国内外文化企业提供全面金融解决方案。争取国家金融、财税、商务主管部门的支持，推动文化金融创新，在国家政策允许的情况下推动离岸金融试点工作，逐步引进外资文化艺术保险、文化艺术基金，尝试设立离岸文化投资基金和致力于投资文化艺术的民营银行等金融机构，探索建设文化金融服务贸易口岸。积极争取金融政策支持，引导金融机构为基地提供结售汇、外币兑换、跨境结算、清税、融资租赁等方面的专业服务。逐步开展文化贸易的仓单质押融资、贸易融资、保险代理、外币清分业务，引导基地内的文化企业使用发行集合债券等直接融资工具。

（六）加快文化贸易公共服务平台建设

推动北京国际文化艺术保护中心的硬件设施和软件服务建设，着力构建以文化遗产和艺术品为主要服务对象的、权威的独立第三方实验室，建设文化遗产保护技术中心，为文化艺术品的进出境、展览展示、交易活动提供检测、评估、鉴定、修复等服务。推动以进出口贸易、转口贸易及保税服务为核心特征的国家级文化艺术口岸交易平台的创建工作，为国内外文化艺术产品交易机构提供公开交易的综合服务。推动国家级宝石交易平台的创建工作，建设基准市场，建立交易规则与模式，不断提升在国际宝石贸易中的定价影响力。推动建设影视贸易中心、设计贸易中心等文化保税综合服务中心，为入驻企业提供关务、物流、进出口贸易等相关服务。

三、政策措施

（一）推进文化贸易改革创新与合作

积极推进文化贸易改革创新。支持基地开展文化管理体制改革试点，探索建立部市统筹协调工作机制。依法精简行政审批事项，简化和规范行政审批程序。优化文化创意产品内容审查、运营监管的体制机制，完善并落实文化市场监管制度。综合考虑土地集约利用、投入产出效益、资源环境承载力等多种因素，健全完善项目准入、退出机制，不断优化升级产业类型，限制和淘汰低端产业，推动基地绿色发展、循环发展、低碳发展。

拓展国际化发展渠道，加快融入世界研发创新体系，推进文化企业国际化发展。充分发挥基地优势，探索在研发、创意、设计等高端环节实现企业国际化发展。吸引国内外大型文化企业、国际知名实验室在基地设立文化研发机构。探索国际研发机构参与国家文化项目的新模式。大力支持基地内入驻企业参与国际文化合作计划、国际标准制定和推广应用。

（二）强化高端文化贸易人才支撑

建立完善与国际接轨、与社会主义市场经济体制相适应、有利于文化贸易的人才培养、聚集体制机制，建设人才智力高度密集、文化创新高度活跃、新兴产业高速发展的文化贸易人才高地。

培养和引进文化贸易领军人才。依托“海外高层次人才引进计划”、“国家高层次人才特殊支持计划”等国家重大人才计划，重点引进和培养一批从事国际前沿文化研究、熟悉国际文化市场、具有广泛国际联系的文化创意产业领军人才和专业团队，聚集一批由高端人才领衔的创业投资、文化中介等创业服务团队。

构建文化贸易人才培养、集聚和交流平台，加快形成规模效应，积极引进具有较强的创新精神、较高的文化素养以及敏锐市场意识的文化创新管理复合型人才。大力发展文化职业技能培训，重点培养满足基地建设发展需要的高素质人才。依托大型企业、重点院校和培训机构，统筹北京市文化创意产业人才培训基地资源，探索成立高端文化创意产业人才发展服务机构，为文化贸易人才的引进、培养、交流等提供全方位的保障和服务。

（三）完善财税支持和金融服务

加大文化创意产业发展专项资金等支持力度，综合运用多种政策手段，对文化服务出口、境外投资、营销渠道建设、市场开拓、公共服务平台建设、文化贸易人才培养等方面给予支持。根据财政部、国家税务总局的有关规定，对国家重点鼓励的文化创意产品出口实行增值税零税率；对国家重点鼓励的文化服务出口实行营业税免税；结合营业税改征增值税改革试点工作，逐步将文化服务行业纳入“营改增”试点范围，对纳入增值税征收范围的文化服务出口实行增值税零税率或免税；探索开展文化设备的保税经营性租赁业务。

建立健全文化贸易金融服务体系，支持境内外股权投资、创业投资在基地实现聚集和发展。鼓励创新文化投入方式，支持金融机构结合基地特点开展文化金融产品和服务创新。引导和鼓励商业银行、资产管理公司、信托公司、融资租赁公司、证券公司等金融机构支持基地发展。研究北京文化创意产业统贷平台风险补偿机制，建立和完善符合文化企业特点的风险评审机制。完善文化企业信用体系建设，设立专业文化担保公司，完善商业银行、担保机构和信用中介机构间的信保贷联动机制。鼓励创新贷投结合方式，探索银行业与创投机构之间的多渠道融资和综合性金融服务模式。开展文化企业保险试点，支持发展文化再保险。

（四）建立健全文化贸易标准体系

大力提升基地的知识产权创造、运用、保护和管理能力，鼓励文化企业申请专利、注册商标，支持文化企业和北京市文化创意产业功能区联盟构建专利池，培育知名国际品牌，提升基地重点产业的核心竞争力。

在文化艺术、影视传媒、文化会展等重点领域部署一批重大文化标准创立、制定项目，支持文化企业、高校院所和行业组织参与创立、制定国际和国家文化标准，促进文化创意产业发展。支持文化企业以产业链为纽带形成标准联盟，共同推进相关技术和产品的应用与推广。

推进构建知识产权信息公共服务平台，建设高质量的专利、商标、版权等知识产权信息库，促进基地内知识产权系统集成、资源整合和信息共享。

（五）加强文化贸易政策集成

利用北京天竺综合保税区境内关外的免证、免税、保税政策，推动基地文化贸易便利化，提高企业注册、登记、备案效率。着眼于满足企业需求，搭建便捷高效的保税综合服务平台，实现文化贸易政策发布、政策咨询、项目对接等环节的有机衔接。充分利用国家、北京市相关财政政策，推动基地基础设施建设、人才培训、国际市场开拓和品牌建设。

推动文化贸易政策创新，积极争取国家政策支持，在基地内试点放宽海外资本的市场准入条件。积极争取国家文物主管部门在基地举办回流文物保税展示交易活动，进行回流文物保税交易试验。争取国家外汇主管部门在基地开展文化贸易人民币跨境支付业务，支持外资保险公司开展艺术品、影视制作、演出等方面的保险业务。争取在国家新闻出版广电主管部门的统筹指导下，开展影视传媒、出版发行领域市场准入方面的改革创新。

四、组织实施

文化部和北京市人民政府将进一步完善部市共建机制，建立完善联席会议工作制度，统筹领导和协调基地建设工作。文化部有关司局、北京市政府有关部门和顺义区人民政府要统一思想、高度重视，按照统筹协调、分工负责的原则，加强协作配合，落实工作责任，明确目标定位和先行先试任务，抓紧研究编制行动计划，制定相关配套政策文件，精心组织实施项目试点，积极探索符合市场发展规律的基地管理模式，推动基地健康快速发展。要加强监督检查，定期组织开展实施情况评估和经验总结，重大问题及时报告。顺义区人民政府、北京天竺综合保税区管委会要切实履行属地职责，积极支持基地建设发展。

北京市人民政府　文化部

2014 年 8 月 25 日

抄送：市委各部门，北京卫戍区。

市人大常委会办公厅，市政协办公厅，市高级人民法院，市人民检察院。

各民主党派北京市委和北京市工商联。

北京市人民政府办公厅　　　　2014 年 8 月 25 日印发

北京市人民政府关于促进文化消费的意见

京政发〔2014〕14号

各区、县人民政府，市政府各委、办、局，各市属机构：

为落实首都城市战略定位，加快推进全国文化中心建设，提升文化软实力，充分发挥文化消费在推动首都科学发展中的积极作用，现就促进文化消费提出以下意见。

一、总体要求

（一）指导思想

深入贯彻落实党的十八大、十八届三中、四中全会和习近平总书记系列重要讲话特别是考察北京工作时的重要讲话精神，以深化文化体制改革为动力，大力促进文化产业健康发展，着力加强文化消费供给，不断丰富文化消费业态，发挥文化消费对经济增长的拉动作用；努力培育文化消费理念，积极引领健康向上的文化消费方向，使文化消费成为弘扬和践行社会主义核心价值观的重要载体，更好地发挥全国文化中心的示范作用，为建设国际一流的和谐宜居之都贡献力量。

（二）基本原则

——**市场主导，政府推动**。充分发挥市场在文化资源配置中的积极作用，更好地发挥政府的促进推动作用，引入竞争机制，营造公平的市场环境，促进供需对接，激发市场主体活力，增强文化消费内生动力。

——**需求引领，创新驱动**。以满足人民群众日益增长的多样化、多层次文化消费需求为切入点，引导树立健康向上的文化消费观念，推动文化内容、经营机制、消费模式创新，有效释放文化消费潜力。

——**融合发展，产业联动**。推进文化创意和设计服务与装备制造业、消费品工业、建筑业、信息业、旅游业、农业和体育产业融合发展，促进相关产业转型升级，拓展文化消费新空间。

——**资源共享，辐射带动**。立足全国文化中心的城市战略定位，坚持繁荣本市文化消费与示范引领全国文化消费相结合，共享文化资源，深化合作交流，提升首都文化市场的辐射力、影响力。

（三）主要目标

到2020年，文化产品和服务更加丰富，

文化消费市场体系更加健全，文化消费环境更加完善；全市文化消费总量、人均文化消费支出和消费满意度均实现大幅提升，文化消费年均增速保持在10%以上，文化消费对全市经济增长的贡献率达到8%以上，成为本市新的经济增长点。

二、重点任务

（一）加强文化消费供给

在市文化改革和发展领导小组统一领导下，优化文化产品供给结构，打造各具特色的原创文化精品，积极汇聚世界文化艺术精品，为消费者提供更好更多的文化消费选择。通过政府购买服务、消费补贴等途径，引导和支持文化企业提供更多文化产品和服务，发展适应消费者购买能力的业务。创新文化成果转化模式，提供更有针对性的专业服务和中介服务，推动文化创作、成果转化、产业经营一体化运作。加快推进文化资源跨地区、跨行业、跨所有制兼并重组，重点扶持一批优质文化企业，提供综合性、多样化的文化产品和服务。支持文化设施运营单位与文化创作、服务机构开展多种形式的合作，提供“一站式”文化服务。（责任单位：市文资办、市文化局、市新闻出版广电局、市文物局）

（二）培育文化消费理念

充分利用电视、互联网、报刊、杂志等媒体开展形式多样的主题宣传活动，营造良好的文化消费氛围，引导消费者树立科学、合理、健康的文化消费理念。支持图书出版、影视、演艺、动漫等文化企业开展文化消费进社区、进机关、进校园、进企业、进乡村等活动，满足消费者多样化、多层次的文化消费需求。支持文化企事业单位和社会组织广泛开展书法、绘画、创意作品竞赛，举办科普、欣赏、体验、阅读等活动，引导消费者养成健康有益的业余文化爱好和消费习惯。（责任单位：市文资办、市文化局、市新闻出版广电局、市教委、市农委、首都文明办、市科委）

（三）引导文化消费行为

建设覆盖全市的文化消费信息资源共享服务平台，编制北京文化消费指南，充分利用户外宣传屏幕、文化广场、社区宣传栏等途径，加大对文化消费的宣传力度。鼓励文化企业拓展电子商务营销模式，利用微博、微信、移动互联网等方式，向消费者及时提供最新文化消费信息。继续办好北京惠民文化消费季，将其打造成为彰显首都文化魅力、释放文化产业活力、促进文化消费的集中展示和宣传推介平台。发挥北京文化惠民卡的作用，加强文化消费市场引导、商户联合营销、综合信息服务、行业监测分析等多种功能建设，实现企业有效销售和消费者有效消费。（责任单位：市文资办、市文化局、市新闻出版广电局、市经济信息化委、市统计局、市商务委）

（四）丰富文化消费业态

深入推动文化消费与信息消费融合，加快推进文化产品和服务生产、传播、消费的数字化、网络化进程，拓展新媒体文化消费。大力推进“智慧家庭”建设，加强通讯设备制造、网络运营、内容服务单位间的互动合作，实现联动融合发展。充分挖掘中华民族传统节日的文化内涵，支持举办特色主题活动，丰富人民群众节假日文化消费选择，释放消费潜力。实施文化消费品牌引领战略，继续举办好中国北京国际文化创意产业博览会、北京国际音乐节、北京国际电影节、北京国际图书节、北京国际设计周、北京图书博览会等重大活动，打造一批主题鲜明的文化消费活动品牌。（责任单位：市文资办、市文化局、市新闻出版广电局、市经济信息化委、市商务委、市旅游委、市科委、市贸促会）

（五）拓展文化消费空间

引导大型商业购物中心、宾馆饭店、体育设施等引入特色文化资源，打造一批商业服务与休闲文化高度融合的综合消费场所。推进有条件的文化资源向旅游产品转化，支持旅游景区增设文化消费项目，开辟特色文化旅游新路线。结合调整疏解非首都核心功能，支持城市功能拓展区、城市发展新区和生态涵养发展区大力发展文化创意产业，拓展文化消费新空间。提高农业领域的文化创意和设计水平，引入创意种植、科普教育、情景体验、家庭农艺等消费项目，以文化消费助推农业发展。推进京津冀文化消费市场一体化建设，支持企业通过新设、收购、合作等方式进行跨地区、跨行业、跨所有制的资源整合。建设文化产品和服务进出口交易平台，搭建国际营销网络，推动文化企业、产品和服务走向世界。（责任单位：市发展改革委、市规划委、市文化局、市新闻出版广电局、市文资办、市商务委、市旅游委、市科委、市农委、市农业局、市体育局、市贸促会）

三、扶持政策

（一）优化文化消费发展环境

在市文化改革和发展领导小组统一领导下，完善文化市场准入机制，制定负面清单，减少行政审批事项，精简审批流程，提高审批效率。进一步深化文化体制改革，加快经营性文化事业单位转企改制进程，以改革释放企业活力，增强市场竞争力。支持同类文化企业和产业链上下游企业建立文化消费服务联盟，搭建文化消费服务平台。加强文化领域核心人才、专门人才、高技能人才和国际化人才的培养和扶持力度，为文化产业健康发展提供人力资源保障。（责任单位：市文资办、市发展改革委、市文化局、市新闻出版广电局、市文物局、市商务委、市人力社保局、市工商局）

（二）加大财税支持力度

建立健全加强文化产品供给与促进文化消费并重的政府扶持机制，创新财政资金支持方式和途径，建立适度竞争、消费挂钩、择优扶持的新机制，由直接补贴文化经营单位向补贴居民文化消费转变；提高对北京文化惠民卡加盟商户的扶持和绩效奖励水平，通过以奖代补，激发、提升文化企业的服务质量和惠民力度。按照《国务院关于推进文化创意和设计服务与相关产业融合发展的若干意见》（国发〔2014〕10 号）、《国务院关于加快发展对外文化贸易的意见》（国发〔2014〕13 号）和《国务院办公厅关于印发文化体制改革中经营性文化事业单位转制为企业和进一步支持文化企业发展两个规定的通知》（国办发〔2014〕15 号）等文件精神，制定本市相关财税扶持政策实施细则。（责任单位：市财政局、市商务委、市国税局、市地税局、市文化局、市文物局、市文资办）

（三）加强文化消费金融服务

鼓励金融机构开发演出院线、动漫游戏、艺术品互联网交易等领域的支付结算系统，拓展文化旅游、教育培训、体育健身等方面消费信贷业务，提供灵活多样的金融服务，促进个人信用消费。鼓励第三方支付机构发挥贴近市场的优势，开发移动支付系统，提升文化消费便利水平。探索开展艺术品资产托管，支持文化企业进行信用融资。推动互联网金融与文化产业融合发展，鼓励文化类电子商务平台发挥技术、信息、资金优势，为文化消费提供服务。加大扶持力度，将更多优秀文化创意项目纳入北京文化惠民卡体系。（责任单位：市金融局、市文化局、市新闻出版广电局、市文物局、市文资办、市经济信息化委、市商务委）

（四）强化文化消费权益保护

加快推进文化消费领域产品、服务标准化体系建设，发挥标准化对建设安全可信消费环境的支撑作用。加强知识产权运用与保护，完善有利于创意和设计发展的产权制度。完善文化产权市场建设，活跃文化产权交易，促进文化产品及相关知识产权的合理有序流通。（责任单位：市工商局、市知识产权局、市旅游委、市新闻出版广电局、市质监局）

（五）积极支持文化消费项目建设

建立健全社会资本参与机制，改进和完善政府投入方式，多渠道、多层次加大对文化消费项目配套基础设施建设的投入力度。对于社会资本投资新建（含配建）文化消费项目配套基础设施，根据项目规模和功能，可申请政府固定资产投资补贴。对于产业基础好、消费氛围浓、经营活力强的文化创意产业集聚区或特色街区，以及提质增效升级、功能优化调整的文化消费项目，其配套基础设施建设可申请政府固定资产投资补贴。支持以划拨方式取得土地的单位利用存量房产、原有土地兴办文化创意和设计服务，在符合城乡规划前提下土地用途和使用权人可暂不变更，连续经营一年以上，符合划拨用地目录的，可按划拨方式办理用地手续；不符合划拨用地目录的，可采取协议出让方式办理用地手续。（责任单位：市发展改革委、市规划委、市住房城乡建设委、市国土局、市文资办）

四、保障措施

（一）加强组织领导

在市文化改革和发展领导小组统一领导下，建立健全文化消费引导促进机制，加强顶层设计、统筹协调和督促落实。（责任单位：市文资办）

（二）完善统计监测

加强文化消费统计，实现各有关部门数据资源的整合与共享，充分利用宏观经济与社会发展基础数据库平台，深入开展文化消费和文化市场的统计监测，准确掌握本市文化消费规模和结构的变化。组织开展文化消费调查，加强对文化消费主要领域发展特征、趋势的分析研究，为进一步促进文化消费提供决策依据。（责任单位：市统计局、市文资办）

（三）加强市场监管

推进文化消费市场监管体系建设，创新监管方式，完善文化市场综合行政执法和"扫黄打非"工作机制，提高行政执法能力和水平。依法严厉打击文化侵权行为，惩处盗版、非法出版、非法营销等行为，维护公平交易、诚实守信的文化市场秩序。（责任单位：市工商局、市文化局、市文化执法总队、市新闻出版广电局、市知识产权局）

（四）健全考核评价

建立健全以市场为导向的文化产品与服务评价指标体系，把市场认可度作为评价和支持文化消费项目的重要依据，优化政策激励方式。建立由第三方实施的消费者评价和反馈机制，推动文化惠民项目与消费者需求有效对接。（责任单位：市文资办）

北京市人民政府

2014 年 12 月 30 日

北京市国有文化资产监督管理办公室
中 共 北 京 市 石 景 山 区 委 员 会 文件
北 京 市 石 景 山 区 人 民 政 府

京文资发〔2014〕8 号

北京市国有文化资产监督管理办公室 中共北京市石景山区委员会 北京市石景山区人民政府 关于支持石景山区国家服务业综合改革试点区发展文化创意产业的意见

石景山区各单位：

为进一步强化文化创意产业对石景山区现代服务业发展的支撑作用，扎实推进国家服务业综合改革试点区建设工作，加快推动石景山区产业转型升级，根据《北京市人民政府批转市发展改革委关于加快推进石景山区国家服务业综合改革试点区发展意见的通知》（京政发〔2013〕17 号）精神，现结合石景山区文化创意产业发展实际情况，提出以下支持意见。

一、支持北京数字娱乐产业示范基地建设

以中关村石景山园、中国动漫游戏城等区域为重点，充分挖掘利用首钢工业厂区存量优势资源，吸引动漫主题体验、高端技术平台、信息交流与展示交易等动漫游戏及衍生品生产企业和国内外动漫游戏重大活动入驻，推动数字动漫、网游设计制作、多媒体、动漫网游软件开发等数字内容服务业发展，支持打造集动漫创作、生产、展示、交易于一体，覆盖完整产业链的动漫网游及数字内容功能区，全面推进首都文化娱乐休闲区（CRD）建设。

二、支持首钢主厂区文化科技融合发展

以中关村国家级文化和科技融合示范基地、新首钢高端产业综合服务区建设为契机，以高新技术的延伸服务和支持科技创新的专业服务为试点区现代服务业发展重点，依托首钢主厂区优质空间资源，坚持先行先试、融合发展、辐射带动、开放交流的原则，在做好首钢工业遗址保护与开发工作的基础上，大力推进科技创新与文化创新双轮驱动战略实施，推动发展高技术服务业，支持建立以企业为主体、市场为导向、产学研相结合的文化科技创新体系，打造文化科技融合、总部特征明显、创新创意活跃、高端要素聚集、基础设施配套、生态环境优美的文化科技融合示范功能区。支持大型会展中心、演出场馆等基础设施建设，大力吸引国内外重要会展、演艺活动入驻，将首钢主厂区打造成为展现首都中国特色世界城市形象的地标区域。

三、支持北京设计产业示范基地建设

坚持设计创新和技术创新相结合、政府引导和市场调节相结合的原则，依托试点区内高校院所、企业和首钢工业设计优势，以中关村石景山园设计组团为主要空间载体，深入实施“首都设计产业提升计划”，重点建设以工业设计、工程设计、建筑规划、服装设计等为主要内容的北京设计产业示范基地，打造“设计之都”核心区。支持试点区引入知名创意设计人才和机构，鼓励工业企业、设计企业、高等院校、科研机构建立合作机制，促进形成设计服务产业创新体系，培育发展一批设计服务骨干企业和知名品牌，使试点区设计服务产业成为创意设计服务功能区设计产业链条的重要组成部分，成为石景山区经济新的增长极和现代服务业重要支柱。

四、支持文化休闲旅游特色化发展

支持以八角游乐场等城市主题休闲娱乐区域为载体，营造城市文化休闲良好氛围，推动市民文化娱乐消费，进一步展现石景山区现代文化娱乐气息。支持文化旅游发展模式创新，依托西山八大处等历史文化和生态旅游资源，积极引导各类资源的合理开发与利用，推动历史文化和生态旅游功能区建设，推进传统与现代、文化与旅游、文化与休闲的融合发展，促进形成涵盖永定河绿色生态发展带、推动文化休闲旅游特色化发展的京西城市新型功能拓展区。

五、支持文化与金融融合发展

结合文化金融融合功能区建设工作，在试点区率先研究探索金融机构入驻、金融要素市场建设等方面的配套政策措施。鼓励金

融机构、创业投资企业在试点区设立总部或分支机构，同时依托北京市文化投资发展集团和文化创意产业投资基金管理有限公司、文化科技融资担保有限公司、小额贷款股份有限公司等金融支撑平台，推动与试点区行业领军企业共同设立网游、动漫、演出等专项基金，加快完善试点区文化金融服务体系，拓展区内企业多元化融资渠道。积极争取国家在文化金融服务创新、金融管理体制改革等方面加大试点区政策扶持力度，进一步满足区内文化创意企业在融资、投资、交易、风险管理等方面的需求。

六、支持文化创意人才创新创业

支持高校院所和企业在试点区内建立产、学、研联动的文化创意人才培养模式，鼓励企业之间、企业与教育研究机构之间联合组建文化创意产业专业培训网络，支持文化创意人才在试点区创新创业。研究探索试点区文化创意产业高级人才专项支持政策，进一步加大对非京籍优秀文化创意人才的支持力度。支持试点区以团队、核心人才带动等方式引进海内外优秀高端人才，重点引进一批文化创意产业领军人才、高层次文化经营管理人才、文化金融融合资本型人才、文化科技融合创新型人才和熟悉国际文化产业与贸易规则的外向型人才。积极营造鼓励创新、宽容失败的创业氛围，最大限度调动文化创意人才的创新创业积极性。

七、支持文化创意产业重大项目落地

积极推动文化创意产业各类重大项目在试点区布局落地，支持试点区依托首钢等空间资源建设大型演出场馆、演艺中心，吸引国内外重大演艺、表演活动常驻发展。结合新首钢高端产业综合服务区建设，大力吸引中央、地方、民营等多元市场主体参与区域开发、产业转型和运营管理，促进首钢总公司向多元化、综合性跨国集团转型发展。鼓励北京市国有文化单位利用试点区资源优势培育新业态、释放新需求，加快培育壮大一批专业化、规范化、连锁化、品牌化的市属文化企业。

八、支持申报文化创新发展专项资金

通过奖励、贴息、后补助等方式，鼓励文化创意企业和重大项目按照试点区内的文化创意产业功能区产业定位布局落地，进一步加大市级文化创新发展专项资金对试点区文化创意企业和项目的支持力度，利用资金投向引导社会资源向试点区倾斜。支持试点区承办国际文化节事活动，鼓励区内企业参加国内外相关文化节会，对取得较大影响力的活动和企业，经统一申报后，优先纳入次年市级文化创新发展专项资金支持项目库。鼓励试点区设立文化创意产业发展资金，有效引导符合试点区功能定位的文化创意产业和领军企业集聚。

九、支持文化创意产业公共服务平台建设

支持促进文化科技融合、壮大动漫网游及数字内容产业、推动设计服务产业发展的公共技术及相关服务平台建设，为区内企业开展研发、实验、测试、生产等活动提供公共设备与数据信息库资源，以及认证和技术指导等服务。积极引导与上述主导产业发展相关的科研院所、公共实验室、测试基地、评估中心、服务中心入驻试点区。近期拟依托北方工业大学资源优势，重点建设动漫网游及数字内容功能区公共技术服务平台，进一步加大资金支持力度。加快建设文化休闲类中介服务平台和相关文化基础设施，进一步提升其对试点区文化创意产业发展水平和城市功能空间品质的带动能力。支持创新公共服务平台管理运营模式，鼓励文化企业、行业协会自主建设并运营平台。

十、支持各类文化创意中介组织和产业联盟发展

支持试点区各类文化创意中介组织专业化发展，激发动漫、设计等优势行业在投资、贸易、经纪、推介等环节的发展活力，为区内文化创意企业提供财税代理、风险投资、人才服务、营销推广等贴身服务，进一步降低企业创业成本，提高运营效率。支持中介组织在产权认定、价值评估、信贷投资、产权交易等方面，为区内文化创意企业的创意生产、技术转化、产权转移等提供透明高效、专业规范、安全保障的专业化服务。引导和鼓励动漫、设计等符合试点区文化创意产业定位的产业联盟、行业协会发展，支持举办联系文化创意产业上下游企业的沙龙活动，发挥区内龙头骨干企业的引领带动作用，进一步增进文化创意外溢，加强交流合作，推动资源共享，促进行业规范和自律。近期拟重点支持建设动漫网游及数字内容功能区联盟，从联盟组建、日常运营、企业合作等方面进一步加大扶持力度，推动试点区文化创意企业与各类中介组织协作发展。支持区内文化创意产业优势行业的联盟、协会建立行业共性技术标准，进一步加强试点区文化创意产品和服务质量，提升区内文化创意企业整体竞争力。

十一、支持配套基础设施建设

支持完善试点区文化创意氛围与配套设施服务水平，在交通、市政、环境、商务、生活等方面为试点区发展创造良好的外部条件。对注重研发生产的文化科技融合、动漫网游、设计服务等企业聚集区域，加强绿化、景观等环境建设，进一步激发企业员工创造力。对首钢厂区内的会展、演艺活动，加强周边交通规划和人流引导，保障会展、活动安全有序开展。支持试点区人文环境和生活设施建设，鼓励创新运营和服务模式，打造

个性化的配套商务环境，营造良好的生产和生活氛围。

十二、支持率先建设功能区示范园区

结合全市文化创意产业功能区规划建设工作，率先推动试点区内的功能区示范园区建设。建设功能区示范园区是在功能区规划基础上，深入推进功能区建设的一项先导性工作，将以“典型试点、循序渐进、逐步推开”的方式，进一步加强政策研究和先行先试，率先打造示范性强、具有引领带动作用的“文化中关村”，为功能区整体规划建设积累经验。对动漫网游及数字内容功能区中的中关村石景山园和中国动漫游戏城区域，支持在文化创意企业和人才认定、人才队伍建设、财政税收扶持、建设用地保障、对外合作交流、公共服务平台及配套基础设施建设等方面率先开展政策先行先试，重点探索文化科技融合发展、文化创意产业促进区域经济转型升级的实现路径，着力完善动漫网游产业专项促进政策。

十三、建立工作合作机制

依托市服务业发展领导小组和新首钢高端产业综合服务区发展建设领导小组，建立市文资办与石景山区合作沟通的工作机制，推动规划衔接、部门合作、市场共建，共同落实国家和北京市支持文化创意产业发展的各项规划、法规和扶持政策，进一步研究制定试点区文化创意产业专项扶持措施。针对试点区文化创意产业发展特点，建立试点区内的文化创意产业功能区评价指标体系和监督管理机制，同时探索建立试点区统计监测与绩效评价指标体系。

北京市国有文化资产监督管理办公室
中共北京市石景山区委员会
北京市石景山区人民政府
2014 年 5 月 22 日

抄送：市服务业发展领导小组办公室

市文资办综合处　　2014 年 5 月 22 日印发

北京市财政局 北京市国有文化资产监督管理办公室 文件

京财科文〔2014〕1891号

北京市财政局 北京市国有文化资产监督管理办公室关于印发《北京市文化创意产业统贷平台风险补偿专项资金管理办法（试行）》的通知

各相关企业：

《北京市文化创意产业统贷平台风险补偿专项资金管理办法（试行）》经北京市国有文化资金监督管理办公室和北京市财政局审议通过，现予印发，请遵照执行。

附件：北京市文化创意产业统贷平台风险补偿专项资金管理办法（试行）

北京市财政局　北京市国有文化资产监督管理办公室

2014年9月3日

京财科文〔2014〕1891号附件

北京市文化创意产业统贷平台风险补偿专项资金管理办法（试行）

第一章 总则

第一条 为落实中央《关于深入推进文化金融合作的意见》（文产发〔2014〕14号），鼓励金融资本、社会资本、文化资源相结合，进一步缓解北京市文化创意企业融资难问题，鼓励文化创意企业更多使用创新融资工具，提高北京市文创发展专项资金使用效益，根据《北京市文化创新发展专项资金管理办法》（京财科文〔2013〕2275号）的有关规定，结合工作实际，制定本办法。

第二条 统贷平台是指在北京市国有文化资产监督管理办公室（以下简称“市文资办”）指导下，协调银行业金融机构、担保、融资租赁等机构为本市文化创意产业提供综合融资支持的金融服务平台，实行绿色通道、优惠利率、统贷统批。业务种类包括银行贷款、集合债券、集合票据、集合信托、私募债、融资租赁以及其他有利于本市文化创意企业或项目获得资金支持的各类创新融资担保业务、融资租赁业务，鼓励发展面向文化创意企业的集群式融资、见贷即保融资和文化无形资产融资租赁业务。

第三条 统贷平台风险补偿专项资金（以下简称“专项资金”）来源为市级文化创新发展专项资金，主要用于银行业金融机构、担保、融资租赁等机构为文创企业融资所产生的损失进行补偿，为文创中小企业承担有限代偿责任。规模1.5亿元，今后将根据统贷平台业务发展情况、专项资金使用效果及市级财力状况，相应调整专项资金规模。

第四条 专项资金的核定、使用，应体现国家和北京市文化产业发展战略规划，符合北京市区域发展政策，遵循文化发展规律，按照“公开诚信、规范运作、专款专用、便捷高效”的原则进行项目制管理，专款专用，突出资金使用绩效。

第二章 相应机构与职责

第五条 专项资金由市财政局和市文资办共同管理，负责计划审批和使用监督，对年度内专项资金补偿的统贷平台支持项目进行认定。其中：

市财政局主要负责专项资金预算安排及拨付工作，并对专项资金使用情况进行监督检查和开展绩效评价；

市文资办负责指导担保、融资租赁等机构开展专项资金的申报工作，牵头组织有关部门对申报材料进行评审，配合市财政局开展绩效评价工作。

第六条 北京市文化科技融资担保公司（以下简称“市文化科技担保公司”）和北京市文化科技融资租赁公司（以下简称“市文化科技租赁公司”）受市文资办委托，作为统贷平台具体实施主体，并负责专项资金的运作与日常管理。具体包括：

（一）负责落实市文资办关于统贷平台建设的有关政策，确保统贷平台切实服务于北京市文化创意产业融资；

（二）推动统贷平台与银行等相关金融机构建立战略合作关系；

（三）做好统贷平台相关管理制度建设、项目风险管理及代偿清收等相关工作。

（四）每年面向社会征集文化科技融资担保、文化科技融资租赁项目。

（五）按照认定委员会决议拨付资金。

第七条 设立“统贷平台担保项目资质认定委员会”（以下简称“担保项目认定委员会”）和统贷平台租赁项目资质认定委员会（以下简称“租赁项目认定委员会”），负责纳入统贷平台的担保项目和融资租赁项目的资质认定，成员由市文资办、市财政局、市文化科技租赁公司和市文化科技担保公司派出人员、专家组成。

第三章 适用范围和标准

第八条 统贷平台支持项目应具备以下条件：

（一）项目主体企业符合北京市最新执行的文化创意产业划分标准，且项目符合北京市文化创意产业发展规划要求和产业政策支持方向，具有显著的成长性、创新性、示范性、带动性、引领性。

（二）项目主体企业在北京市登记注册，企业及法定代表人近两年无违法、违规等不良信用记录。

（三）经项目认定委员会认定的项目。

第九条 专项资金主要用于代偿统贷平台担保项目所发生的担保代偿损失、融资租赁项目所发生的违约损失，以及经市文资办、市财政局审定的项目评审费。

第十条 专项资金对统贷平台担保项目代偿损失实行限率补偿。对文化有形资产当年统贷平台担保代偿率低于3%（含3%）部分，由专项资金对统贷平台给予80%补偿，其他由产生风险的主体自行承担；对文化无形资产当年统贷平台担保代偿率低于6%（含6%）部分，由专项资金对统贷平台给予80%补偿，其他由产生风险的主体自行承担。

代偿率 = 当年发生代偿金额 / 当年末在保责任余额 ×100%

专项资金对统贷平台文化融资租赁项目违约损失实行限率补偿。对文化有形资产当年统贷平台融资租赁项目违约率低于3%

（含 3%）部分，由专项资金对统贷平台给予 80% 补偿，其他由产生风险的主体自行承担；对文化无形资产当年统贷平台融资租赁项目违约率低于 6%（含 6%）部分，由专项资金对统贷平台给予 80% 补偿，其他由产生风险的主体自行承担。

违约率 = 当年实际违约金额 / 当年融资租赁发生额 ×100%

第十一条 有下列情形之一的项目，专项资金不予以支持：

（一）知识产权有争议的；

（二）已经获得市政府投资或其他财政性资金资助的；

（三）申请单位因违法行为被执法部门依法处罚未满 2 年的；

（四）项目申报前两年内，在经营活动中有重大违法记录的；

（五）因涉嫌违法行为正在被有关部门调查或侦查的；

（六）影响单位正常经营活动的重大诉讼或者仲裁的。

第四章 资金安排使用及运作

第十二条 专项资金通过政府购买服务形式，由市财政局、市文资办委托市文化科技担保公司、市文化科技租赁公司（各划拨 7500 万）进行专户管理，单独核算。全市其他文化融资担保项目和文化融资租赁项目均可通过统贷平台进行申报。

第十三条 市文化科技担保公司、市文化科技租赁公司应对专项资金进行科学运作、统一管理、定向使用、安全运营。建立严格的项目评估制度，加强项目风险评估审查，执行科学的决策程序，有效控制业务风险。

第十四条 纳入统贷平台风险补偿项目的融资主体取得代位追偿权后，应积极制定追偿措施并实施追偿，追偿所得资金，优先用于归还专项资金代偿部分。

第十五条 在确保安全性和流动性前提下，专项资金余额沉淀部分可用于投资国债、金融债券及大型企业债务融资工具等信用等级较高的保本固定收益类金融产品。严禁投资股票二级市场和向企业或项目直接投资。专项资金运作收益，60% 用于补充专项资金，其余 40% 部分，经市财政局、市文资办批准，可用于统贷平台业务培训、市场拓展等支出。

第五章 监督和绩效评价

第十六条 市文化科技担保公司、市文化科技租赁公司应建立专项资金报告制度，年度终了后 3 个月内向市财政局、市文资办报送专项资金财务会计报告以及专项资金的使用情况，报告内容包括资金的使用情况、资金的使用效果以及意见建议等。

第十七条 市财政局、市文资办负责对统贷平台实施情况、专项资金使用情况进行监督检查。年度总结报告及市财政局绩效评价结果将作为完善专项资金预算管理的重要依据。

第十八条 对于虚报、冒领、截留、挪用、挤占专项资金等违反财经法律法规的行为，由市财政局责令限期整改，同时按照国务院《财政违法行为处罚处分条例》进行处理。构成犯罪的，依法移交司法机关追究其刑事责任。

第六章 附则

第十九条 本办法由市财政局、市文资办负责解释。

第二十条 本办法试行期一年，自发布之日起三十日后施行。北京市文资办、北京市财政局《北京市文化创意产业统贷平台风险补偿专项资金管理办法（试行）》（京文资发〔2013〕6号）和北京市文资办、北京市财政局《北京市文化创意产业融资担保贴保专项资金使用管理办法（试行）》（京文资发〔2013〕7号）同时废止。

北京市财政局办公室　　　　2014年9月5日印发

2014 年鉴

第三部分

北京市国有文化资产监督管理

北京市国有文化资产监督管理

国有产权管理工作

【开展宣传系统文化企业国有资产清查】 6月4日至7月20日，按照市委宣传部统一部署，市文资办对北京演艺集团、北京出版集团、北京发行集团等178家宣传系统国有文化企业资产进行清查。其中一级企业16家，二级企业82家，三级企业52家，四级企业26家，五级企业2家。在清查过程中发现部分企业财务及资产管理问题，经沟通研究提出相应管理建议，并对部分重大事项进行了披露及重点关注，为进一步加强国有文化资产管理奠定了基础。

（供稿人：闫煜喆）

【调研市属国有文化企业改革发展情况】 年内，赴北京出版集团、北京发行集团、北京演艺集团及其所属重要子企业，以及北京广播电视台所属影视制作企业共33家单位，开展改革发展情况调研。组织召开3场座谈会，邀请行业专家及企业代表，就企业发展战略、体制机制创新等问题进行深入交流。撰写《北京出版集团、发行集团、演艺集团改革发展情况调研报告》，系统梳理企业基本情况，深入剖析主要问题，并提出相关工作建议。

（供稿人：戴旭）

【推动鼎视数字电视传媒有限公司股份制改造】 年内，深入研究公司改制方案，系统梳理相关政策依据，为北京广播电视台出具《关于鼎视数字电视传媒有限公司整体变更为股份有限公司的意见》，推动鼎视传媒顺利实现股份制改造。

（供稿人：戴旭）

【推动北京文华明星文化产业有限公司股权转让】 年内，综合考虑慕尼黑啤酒节北京之旅项目运作实际与文创国际集团主业定位，提出原则同意文创国际启动文华明星股权转让行为的工作意见，并为文华明星出具国有产权证明、资产评估核准备案文件、股权转让批复等相关证明文件，实现其股权在北交所顺利挂牌转让。

（供稿人：戴旭）

【协调推进国家体育馆产权和经营权移交京演集团】 年内，积极落实市政府关于国家体育馆全面移交事宜的部署安排，与市财政局、市国资委共同协调推进北京演艺集团与国奥公司相关工作，实现国家体育馆产权和经营权的顺利移交。

（供稿人：戴旭）

【举办文化传媒产业并购重组研讨班】 9月11日，市文资办与深交所、北京证监局联合举办文化传媒产业并购重组研讨班，市文资办、北京证监局以及深交所有关领导出席致辞，深交所30家文化传媒上市公司及30家拟上市公司参加研讨班。

（供稿人：戴旭）

【举办北京市国有文化企业重组上市培训班】 10月14日至15日，市文资办与北京证监局联合主办北京市国有文化企业重组上市培训班，市文资办主任周茂非、北京证监局副局长陈稹进行开班动员，市新闻出版广电局等委办局有关处室负责人、市属国有文化企业及其下属企业相关负责人共90余人参加培训。

（供稿人：戴旭）

【举办新三板制度规则解读会暨北京地区文化创意拟挂牌企业专场培训会】 10月31日，与市金融局、北京证监局、全国股份转让系统公司共同举办全国股份转让系统制度规则解读会暨北京地区文化创意拟挂牌企业专场培训会，市文资办主任助理杨云岗出席致辞，本市近50家文化创意企业的负责人和部分在京券商以及中介机构负责人参加培训会。

（供稿人：戴旭）

业绩考核与薪酬管理工作

【完成2013年企业领导人业绩考核工作】 综合考虑多家专业咨询公司提出的框架意见，市文资办选择国际知名公司承担国有文化企业单位领导人业绩考核和薪酬管理办法课题研究，形成《国有文化企业领导人绩效考核暂行办法》和《国有文化企业领导人薪酬管理暂行办法》。通过事前部署、述职报告、专家打分等方式，顺利实施监管国有文化企业领导人绩效考核及薪酬管理工作，促进了管人管事管资产管导向相统一。

（供稿人：蔡国栋）

【部署2014年企业领导人业绩考核工作】 在2013年绩效考核工作的基础上，市文资办按照十八届三中全会提出的国有文化企业要体现“经济效益与社会效益统一，社会效益优先”的要求，紧密围绕业绩考核指标，强化对企业经济效益和社会效益的考核工作，提出以公众价值指标体系来考核社会效益，根据不同文化业态，围绕“内容主题、覆盖范围、接纳程度和影响力反馈”四个维度、八个方面提出相关量化的指标进行考核，旨在切实提高企业效益，激励企业健康、快速发展。通过“两上两下”基本确定企业的经济效益指标和社会效益的公众价值指标，顺利完成2014年企业领导人业绩考核部署工作。

（供稿人：蔡国栋）

【指导监管企业制定薪酬绩效实施方案】 年内，通过借鉴发达地区薪酬经验，借助多个行业通行做法，依据专业咨询公司意见与建议，立足北京国有文化企业现状，市文资办指导监管企业制定薪酬绩效方案，充分体现企业的内部公平性与外部竞争性。

（供稿人：蔡国栋）

【举办监管单位绩效管理暨监事工作综合培训班】 市文资办文化企业绩效管理暨监事工作业务培训班在达园宾馆举行，市国有文化企业负责此项工作的30余人参加了此次培训，取得预期效果。市文资办党委副书记赵磊出席开班仪式作动员讲话，副主任龙晓雯在结业典礼上作了总结讲话。培训班邀请了重点高校的专家教授、学者，通过知识讲授、案例剖析、难题答疑、实务辅导和交流讨论等多种教学形式，对十八届三中全会精神、绩效考核技能、资本运营理论及监事工作等专题进行了讲授、研讨，学员普遍认为对绩效考核及监事会工作从理论到实践有了全新的认识，学有所获，为今后开展国资监管工作打下了基础。

（供稿人：蔡国栋）

【帮助监管企业接收2014年应届大学毕业生】 根据市文资办实际需求，按照北京市人力资源与社会保障局统一部署，北京市文化投资发展集团中心及下属各单位、北京国际广告传媒集团共引进非北京生源应届大学毕业生3名，海外留学生1名，顺利实现预期目标。

（供稿人：蔡国栋）

【开展监管企业2015年毕业生需求统计】 根据北京市人力资源与社会保障局统一安排，市文资办对北京市文化投资发展集团中心及下属各单位、北京国际广告传媒集团开展2015年毕业生岗位需求及拟引进非北京生源毕业生需求统计工作。通过统计摸清了底数，为进一步完善人才队伍建设打下了基础。

（供稿人：蔡国栋）

国有文化企业审计工作

【开展监管企业内部审计】 年内，市文资办对文投集团、文创国际集团和京广传媒集团等3家集团及其下属9家控股（参股）公司进行全面审计。此次审计发现了各企业存在的问题和内部控制薄弱环节，从企业的角度提出可行性建议，促进企业防范风险、规范经营、改进和提升管理水平，为企业发展服务。

（供稿人：岳媛）

【配合市审计局推进领导干部经济责任审计】 年内，市审计局对市文资办进行领导干部任期经济责任审计。此次审计涵盖了2012、2013年度北京市文化创新发展专项资金管理使用情况、2013年度预算执行和决算草案情况以及市文资办监管企业经营情况。市文资办在此次审计前充分准备审计所需资料，审计中全力配合，审计后认真查找不足，积极整改落实审计查出的问题。通过此次审计，市文资办提高了专项资金和部门预算管理水平，规范了企业经营管理，促进各项工作持续健康发展。

（供稿人：岳媛）

【配合审计署跟踪审计重大政策落实情况】 年内，审计署驻兰州特派员办事处延伸审计市文资办贯彻落实稳增长促改革调结构惠民生政策措施情况。市文资办积极配合审计署各项要求，对推进文化创意和设计服务与相关产业融合发展政策措施落实情况提供翔实资料和介绍。审计署驻兰州特派员办事处对市文资办贯彻落实稳增长促改革调结构惠民生政策情况予以肯定。

（供稿人：岳媛）

【配合审计署加强财政存量资金审计】 年内，审计署京津冀特派员办事处延伸审计市文资办财政存量资金情况。市文资办积极配合审计署各项要求，顺利完成审计工作。

（供稿人：岳媛）

【制定3项审计工作制度】 年内，市文资办制定《北京市国有文化企业经济责任审计工作管理办法（试行）》、《北京市国有文化企业内部经济责任审计工作管理办法（试行）》、《北京市国有文化企（事）业单位内部审计工作管理办法（试行）》等3项审计工作制度。这3项审计工作制度涵盖了市文资办现在管理及将来纳入监管范围的国有文化企（事）业单位审计工作要求，基本能够确保“三定”方案中赋予经济责任审计、内部审计工作在国家和市委市政府领导下规范、有序进行。

（供稿人：岳媛）

监事会工作

【市文资办与中央文资办召开监事会工作经验交流会】 由办领导带队赴财政部中央文化企业国有资产监督管理领导小组（以下简称“中央文资办”）交流国有文化企业监事会工作。重点了解中央文资办在推动监管企业建立现代企业制度、健全公司治理结构等方面工作的相关经验，就建立健全适应国有文化企业改革和发展需要的资产监管体制、规范和完善国有文化企业资产监管等方面的问题进行了深入交流。

（供稿人：季方）

【市文资办与市国资委召开监事会工作经验交流会】 年内，与北京市国资委就监事会工作进行了多次交流活动，建立了监事会工作沟通联系和合作交流平台。了解学习市国资委在国有资产监管方面特别是监事会工作的成功经验，进一步理顺国有文化资产监管思路，结合首都国有文化企业的实际，建立健全法人治理结构，推进外派监事会制度建设，努力建设国有文化资产监管工作的新格局。

（供稿人：季方）

【研究指导国有文化企业监事会工作】 本着“突出重点、明确目标、细致深入、确保实效”的原则，组织实施了市文资办所属企业调查研究，深入了解监管国有文化企业监事会建设等相关业务工作的开展情况。按照加强企业战略性监控力度、推进资源整合、保障国有文化资产保值增值的要求，赴文投集团、京广传媒集团、文创国际集团及所属重要子企业，开展集中调研。通过调研重点了解了市文资办所属国有文化企业监事会建设、公司组织架构、治理机制建设等情况，并针对完善公司治理结构提出了可行性建议，为监事会制度体系建设、绩效评价体系建设提供了实践依据与指导。

（供稿人：季方）

【制定北京市国有文化企业监事会筹建方案】 按照建立国有文化企业监事会工作部署，结合专家团队的工作，通过对国务院国资委监事会工作局、北京市国资委国监办走访调研，全面了解国务院及北京市国有企业监事会工作的开展情况，结合市文资办监管国有文化企业的范围，研究提出北京市国有文化企业监事会筹建方案，为下一步成立市国有文化企业监事会提供决策支持。

（供稿人：季方）

【构建国有文化企业监事会治理绩效评价体系】 以“有效监督”为目标，结合北京市国有文化资产管理的特点和改革思路，从监事能力保证性和监事会运行有效性两方面，对国有文化企业监事会治理现状进行全面诊断，提炼设计监事会治理指标体系与管理考核制度，为北京市国有文化企业监事会治理绩效评价体系建设提供法律支持和政策依据。

（供稿人：季方）

2014 年鉴

第四部分

促进文化创意产业发展

促进文化创意产业发展

发展规划

【出台文创产业功能区建设发展和产业提升规划】 年内，市文资办贯彻落实市政府折子工程和宣传思想文化工作要点折子工程的重点任务，围绕编制出台《北京市文化创意产业功能区建设发展规划（2014—2020年）》和《北京市文化创意产业提升规划（2014—2020年）》(京政发〔2014〕13号)，对16区（县）、20余部委办局及重点文创企业深入开展调研，全面掌握全市文化创意产业发展现状，并充分征求各委办局、各区（县）的意见建议。4月22日，两项规划经第39次市政府常务会研究同意，于5月26日正式发布实施。中央和北京市主要领导同志对规划工作非常重视并作出重要批示，中央电视台《新闻联播》、北京电视台《新闻频道》和《北京晚报》等新闻媒体对规划内容进行大幅报道。《北京市文化创意产业功能区建设发展规划（2014—2020年）》立足于“全市一盘棋”，将着力打造20个文化创意产业功能区，进一步明确区域发展特色、功能定位及主导产业，积极引导资源整合，推动形成分工合理、重点突出、各具特色的文化创意产业空间布局。功能区规划总面积441.56平方公里，着力构建“两条主线带动、七大板块支撑”的产业发展体系和“一核、一带、两轴、多中心”的空间发展格局。《北京市文化创意产业提升规划（2014—2020年）》立足于产业分类，提出构建起富有首都特色的“3+3+X”文创产业体系，突出强化产业融合和协作的发展理念，顺应文创产业结构优化升级与融合发展趋势，优化产业分工，加强产业协作，推动区域协同发展，提升产业发展质量和竞争力。目标是到2020年，文创产业增加值占地区生产总值比重达15%以上。

（供稿人：周凯）

【制定《关于加快推进国家对外文化贸易基地（北京）的意见》】 年内，围绕天竺文化保税功能区建设发展工作，市文资办在原歌华集团保税园区规划的基础上研究起草了《关于加快国家对外文化贸易基地（北京）建设发展的意见》，经第52次市政府常务会审议通过，由文化部和北京市人民政府于8月25日联合发布实施（京政发〔2014〕25号）。《意见》依托天竺综合保税区政策优势，以国家对外文化贸易基地为建设载体，通过体制机制创新和规划政策引导，统筹国际国内两个市场、两种资源，统筹对外文化交流与文化贸易，探索文化贸易发展新模式，把对外文化贸易基地建设成为我国文化走出去的桥头堡和主阵地。

（供稿人：周凯）

【发布《关于支持石景山区国家服务业综合改革试点区发展文化创意产业的意见》】 年内，市文资办参与石景山区国家服务业综合改革试点区创建工作，从规划布局角度深入研究，与石景山区委、区政府联合发文，出台了《北京市国有文化资产监督管理办公室 中共北京市石景山区委员会 北京市石景山区人民政府关于支持石景山区国家服务业综合改革试点区发展文化创意产业的意见》（京文资发〔2014〕8号），扎实推动综合服务重点区域产业转型升级。

（供稿人：周凯）

【超额完成2014年文创产业固定资产投资指标任务】 2014年，面对首都经济增长速度换挡期、结构调整阵痛期、前期政策消化期“三期叠加”的复杂形势和人口规模调控、“城市病”治理、服务业增长理性回归对投资的影响，市文资办与市、区有关部门密切协调配合，依托项目库管理平台建设，深入重点企业，统筹主导行业，梳理全市项目，深挖投资潜力，促使文化创意产业固定资产投资稳步增长，超额完成了全年投资指标任务：全年文化创意产业固定资产投资累计完成323.4亿元，同比增长4.2%，占全市固定资产投资总额的4.3%，完成全年320亿元投资指标任务的101.1%。

（供稿人：刘璐）

【首届文化创意产业项目推介及洽谈会在京举办】 2014年12月17日，市文资办主办的首届“文化创意产业项目推介及洽谈会”在北京歌华开元酒店国际新闻厅成功举办。40余家中央和北京市文化创意企业代表，30余家来自天津市与河北省的文化创意企业代表，以及近30家在京商业银行及文创投融资机构代表携重点文创项目及金融产品出席推介洽谈会，达成了多笔合作意向。

（供稿人：刘璐）

【出版《北京文化创意产业功能区发展研究》】 年内，市文资办全面调研了北京市文化创意产业功能区建设发展情况和存在的问题，系统梳理分析相关统计数据，对功能区发展进行理论探索，并借鉴英、美、日、韩等国家在文创产业发展方面的经验，提出推进功能区发展的主要举措，形成22万字的《北京文化创意产业功能区发展研究》，为功能区规划建设工作提供了有力支撑。6月，《研究》报告全文在中国经济出版社付梓发行。

（供稿人：周凯）

【发行6期《北京文化创意产业发展研究》】 年内，市文资办坚持立足大局、服务中心、汇集思想和智慧，为北京文化创意产业发展科学决策服务，编辑发行6期《北京文化创意产业发展研究》。《研究》紧跟国内外文化创意产业发展步伐，以国家、北京市的宏观战略和市文资办重点工作为着力点，内容准确、全面、实效，得到了业界高度关注。6期刊物共刊载文章62篇，40余万字，每期面向北京市四套班子领导及相关部委办局领导、各区（县）领导及相关部门、全市文创行业协会和重点企业、相关高校、科研单位、图书馆及其他省市相关业内单位等对象发放3000册，共计18000册。通过编辑刊物，建立了文化创意产业研究的专家库和资料库。

（供稿人：周凯）

【开展文创功能区建设发展统计】 年内，市文资办与市统计局就文创功能区建设发展统计工作加深合作，共同开展了文创功能区建设发展统计评价，对文创功能区发展情况进行实时统计、跟踪评价。通过实地调研，摸清了各文化创意产业功能区发展底数；研究分析经济普查相关数据，为构建功能区统计指标体系奠定基础。

（供稿人：周凯）

【分类梳理文创功能区专业化服务平台】 年内，市文资办通过深入分析文创功能区主导产业发展服务的不同对象和需求，梳理出了七个领域近30类的专业化服务平台，制定了平台认定管理办法初稿，为下一步筛选符合独立法人资格、运行状况良好、技术设备先进、具有较好品牌能力的服务平台提供了基本依据。

（供稿人：周凯）

【组织构建文创功能区管理运行体系】 年内，市文资办组织力量深入梳理分析了20个功能区区域区划、管理运行等方面的实际情况，数次组织专家学者及区（县）主管部门、文化创意产业园区和企业负责人进行座谈研讨，进一步研究明晰功能区特质特性、发展诉求，研究提出了以联盟化方式来强化功能区统筹管理，推动区域协同、产业合作，重点研究提出了功能区管理运行体系的组建模式，草拟了功能区建设发展联盟组建工作方案。

（供稿人：周凯）

【参与修改城市总体规划】 年内，围绕北京市城市总体规划修订工作，市文资办依据《北京市文化创意产业功能区建设发展规划（2014—2020年）》和《北京市文化创意产业提升规划（2014—2020年）》(京政发〔2014〕13号)，提出了关于北京市文创产业空间布局及产业发展的意见建议，保障了各相关规划间的紧密衔接。

（供稿人：周凯）

【参与编制城市副中心规划】 年内，市文资办就通州区城市副中心规划（文化旅游发展专项）编制工作与通州区委、区政府进行了会谈，结合通州区发展实际和未来发展功能定位，从功能区建设、产业质量提升等方面，进行了深化研究并提出了相关规划意见建议。

（供稿人：周凯）

文化创意产业投融资

【监督检查2013年专项资金支持项目】 为确保专项资金安全使用，市文资办委托第三方机构，对2013年专项资金支持的298个项目进行监督检查，同时对项目单位的投融资需求、文化“走出去”以及2013年企业发展情况进行调研。最终，对完成要求的280个项目予以资金全额拨付，对没有达到要求的18个项目进行资金相应核减。

（供稿人：王晨）

【202个文创项目获2014年专项资金支持】 2014年，我市征集评审文化产业类项目资金4亿元，其中包括2亿元面向社会公开征集项目资金，通过奖励和贴息方式支持企业；2亿元区（县）和行业部门推荐项目资金，通过补助方式支持企业。全年共征集了879个项目，经过区（县）预审、行业委办局内容审核、项目初审、联合评审、实地踏勘、出具踏勘报告、文化改革发展领导小组办公室会议审议等环节，共有202个项目脱颖而出，获得专项资金支持。

（供稿人：王晨）

【支持组建北京市文化科技融资租赁股份有限公司】 为解决文化企业融资难问题，市文资办出资3亿元，吸引中国恒天集团、联合出版集团、中国文化产业发展集团、虚苑公司、中融鼎立公司等11家公司合计出资8.2亿元，共同发起成立了注册资本11.2亿元的全国第一家文化融资租赁公司——北京市文化科技融资租赁股份有限公司。9月1日，该公司揭牌成立，已针对广播影视、动漫、游戏、文艺演出、新闻出版、广告等文化行业建立起18种融资租赁经营模式。同时，与四达时代集团、爱奇艺等17家文化企业签订合作协议，共同启动文化融资租赁业务，首期提供26亿元的融资额度。

（供稿人：王晨）

【建立文化创意产业统贷平台风险补偿机制】 为进一步缓解北京市文化创意企业融资难问题，鼓励文化创意企业更多使用创新融资工具，提高北京市文创发展专项资金使用效益，市文资办积极协调市财政局，推动设立首期规模总额为1.5亿元的“文化统贷平台”风险补偿金，并与市财政局联合制定出台了《北京市文化创意产业统贷平台风险补偿专项资金管理办法（试行）》，形成政府、银行、企业共同为文化无形资产融资风险进行补偿的体制机制。

（供稿人：王晨）

【举办2014年北京市文化创意产业投融资服务推介会】 12月3日，市文资办举办2014年北京市文化创意产业投融资服务推介会，共134家企业、机构参会。本次推介会系统介绍了现有的我市文创投融资体系，并邀请13家文创投融资机构、银行和企业进行了主题发言，同时安排行业专家进行了“创意企业创新资产的保值增值”专题讲座。此外，还安排了专门的时间供各参会机构和企业充分的自主交流和项目对接，切实促进了做到金融资本和文创项目有效融合。

（供稿人：王晨）

首都文化消费

【第二届北京惠民文化消费季消费总额超百亿】 9月至11月，市文资办举办第二届北京惠民文化消费季，坚持惠民是主旋律，文化是主阵地，消费是主动力原则，向消费者提供品质一流、充满正能量的主流文化产品，让文化消费走进寻常百姓家，真正做到“惠民惠企”。消费季共分十大专项活动、十大展销板块、十六区（县）惠民文化专题活动，展览面积近25万平方米，累计消费达3772.5万人次，消费金额达101.8亿元，有效促进了文化消费大市场的繁荣。

（供稿人：潘 涛）

【制定《北京市人民政府关于促进文化消费的意见》】 年内，为贯彻党的十八届三中全会和习近平总书记系列重要讲话精神，落实郭金龙书记在2013年全市宣传思想工作会议上提出的“积极研究制定促进文化消费的政策”要求，市文资办研究起草了《北京市人民政府关于促进文化消费的意见》。其间，《意见》起草小组召开10余次政策咨询会听取业内专家学者和企业、消费者代表的意见，两次书面征求市发展改革委等47家单位的部门意见。同时，市政府办公厅协调相关部门召开现场意见征集会，最终形成审议稿，并已通过市文化改革和发展领导小组办公室审议和市政府法制办合法性审查。《意见》出台，将成为我办成立以来关于文化消费的首个政策，也将成为国内第一个专门针对文化消费的政策文件，更有利于加快建设全国文化中心，提升文化软实力，充分发挥文化消费在推动首都科学发展中的积极作用。

（供稿人：潘 涛）

【北京惠民文化消费大礼包发放百万套】 8月23日，北京惠民文化消费大礼包（以下简称大礼包）发放仪式在北京金逸影城大悦城店举行。市文资办副主任刘绍坚，以及大礼包合作商户代表、各行业文惠卡消费者代表、新闻媒体共300多人参加了此次活动。2014年大礼包计划发放100万套，其中实体券发放50万套、电子券发放50万套。大礼包套装内共有六张优惠券，分别为观影券、购书券、学习券、免费观展券和两张观演券。9月1日至9月30日，消费者持大礼包，可在国家大剧院、北京人艺、开心麻花、中国杂技团、华谊兄弟影院等20余家商户的200多个门店进行消费。消费时，只需向收银员出示实体大礼包或手机电子大礼包内的优惠券，即可享受5–9折的优惠。

（供稿人：潘 涛）

【发布《2014北京文化消费指南》】 年内，市文资办积极筹划编写《北京文化消费指南》，对行业、区域、类别等框架内容进行了设计规划。以艺术演出、图书教育、文化娱乐、旅游休闲、博物馆等为主要内容对全市文化信息进行了分门别类的汇总，编辑成书，受到了广大市民的欢迎。

（供稿人：潘 涛）

【发布《2013 年北京文化消费指数》】 年内，编制发布《2013年北京文化消费指数》。该课题重点围绕北京文化消费能力和消费水平，提出反映买单式文化消费、北京市国土概念人口文化消费、国家统计局 2012 文化产业分类标准 + 北京市文化创意产业分类标准、个人文化消费 + 机构文化消费、指标活跃度 + 指标可得性 + 指标可操作性的创新指标设计原则，采用多指标动态综合评价法对北京市文化消费指数进行科学拟合，对北京市的文化消费作出全面、客观的评价，丰富文化消费相关理论体系，对北京市文化消费和文化创意产业的整体发展提供参考。

（供稿人：潘 涛）

【发布《2014 年北京文化创意产业白皮书》】 年内，组织开展北京市文化创意产业发展调研，编制完成《2014 年北京市文化创意产业白皮书》。《白皮书》旨在通过梳理北京市文创产业发展历程及各区（县）、各行业、重点企业发展情况、产业重大事件，提供最为权威数据和观点，解读文化创意产业政策，对产业未来发展进行引导，营造出健康有序的产业发展环境，使其成为了解北京文化创意产业发展的重要窗口和重要参考。

（供稿人：潘 涛）

产业提升与融合发展

【制定《北京市关于推进文化创意和设计服务与相关产业融合发展的行动计划（2015—2020 年）》】 贯彻落实《国务院关于推进文化创意和设计服务与相关产业融合发展的若干意见》（国发〔2014〕10号），牵头制定《北京市关于文化创意和设计服务与相关产业融合发展的行动计划（2015—2020）》。以“创意北京”为统领，以文化创意为灵魂，有效发挥文化创意和设计服务的价值发现和价值提升功能，深入实施创意设计与制造业、都市商业、金融业、农业等十大领域融合发展行动，配套建立“财税引导、知识产权经营、基础资源保障”等八项工作机制，实施 37 类共 131 项具体任务，为加快推进首都经济结构调整和产业升级提供强大内生动力。4 月 7 日，市政府正式印发《行动计划》。

（供稿人：杜梦）

【首都文化科技融合成果展首次亮相第 17 届科博会】 年内，市文资办组织 27 家首都文化企业参加第 17 届科博会平台，围绕“推动文化科技双轮驱动，助力首都文创产业跨越发展”主题，全面展示具有示范引领性的文化科技融合成果，获科博会“优秀组织奖”和“最佳展示奖”。

（供稿人：杜梦）

【科技与文化融合产业项目合作推介会签约金额近6000万】 年内，市文资办举办“第九届中国北京国际文化创意产业博览会——科技与文化融合产业项目合作推介会”和“中国文化产业新年论坛特别活动——科技与文化融合产业项目合作推介会”两场推介会，促进文化融合项目落地。文化部、市科委、中关村管委会、海淀区委宣传部、北京大学等各省市相关领导、文化融合企业、金融机构负责人、业内专家学者及主流媒体等400余人出席了活动，推介20家企事业单位的22项具有较好发展前景的文化融合产业项目，现场签约项目21个，签约额5740万元。

（供稿人：杜梦）

战略合作

【与中国人民银行营业管理部签署战略合作协议】 5月7日，中国人民银行营业管理部与北京市国有文化资产监督管理办公室联合签署《文化金融战略合作协议》。双方就拓宽文化企业融资渠道、开展文化金融合作试验区建设、推进文化企业信用体系建设、搭建政银企合作平台等四大方面16项具体工作，开展全面深入合作达成了重要共识。本次战略合作将有力推动首都金融资源和文化资源的进一步融合，为建设社会主义先进文化之都、实现首都文化的大发展大繁荣打下了坚实基础。

（供稿人：王晨）

【与北京银行签署全面战略合作协议】 12月10日，北京银行与北京市国有文化资产监督管理办公室全面战略合作协议签约仪式在京举行。根据协议，北京银行将在未来三年内，为北京市文化企业提供不低于人民币800亿元的意向性授信额度。发布会现场，北京银行发布了推动北京市文化金融发展六项举措，并与创新工场、文化科技担保公司联合推出“文创信保贷”新产品。

（供稿人：王晨）

【与中国光大银行北京分行签署战略合作协议】 5月15日，市文资办与中国光大银行北京分行联合签署战略合作协议，将在搭建金融机构与文化产业的对接平台、北京市重点文化建设项目投资、中小微文化企业信贷产品及金融服务等方面深入开展文化金融合作，实现文化产业与金融产业的紧密融合和可持续发展。北京市副市长杨晓超、北京市政府副秘书长侯玉兰、市文资办主任周茂非、光大集团董事长唐双宁、光大银行行长赵欢、集团战略规划部总经理吴富林、光大银行副行长邱火发等出席签约仪式。

（供稿人：王晨）

【与中国电子科技开发有限公司签署战略合作框架协议】 年内，市文资办与中国电子科技开发有限公司签署战略合作框架协议，共同推进中国电子未来科技城二期项目合作，增进央地文化科技企业交流，引进优质文化科技融合企业入园发展，提供投融资一体化服务。

（供稿人：杜梦）

党建与人才培养

【开展"三要三不要"主题教育活动】 2014年4月，为进一步深化党的群众路线教育实践活动成果，市文资办党委在全体干部职工中开展了"要笑脸不要冷面，要感恩不要抱怨，要担当不要推诿"的"三要三不要"主题教育活动。要笑脸不要冷面，就是要从点滴做起，树立群众观点，强化宗旨意识、公仆意识，克服官僚主义和衙门作风，谦虚谨慎，勤勉务实，改进服务态度，提高服务质量；要感恩不要抱怨，就是要坚定社会主义理想信念，对党忠诚，时刻牢记组织的教育与培养，克服小利意识、享乐主义，不断加强自身修养，视野开阔，公道正派；要担当不要推诿，就是要勇于承担起时代赋予我们的责任，主动作为，克服畏难情绪和懒惰思想，讲真理不讲面子，讲原则不和稀泥，正视问题不回避，直面矛盾不上交，主动谋划，迎难而上，勇于创新，敢于负责。活动为期一年，按照开展学习、论坛交流、活动总结三个阶段有序推进，重点围绕如何将"三要三不要"落实到日常工作中展开交流讨论，在系统全体干部职工中掀起"争做文资办好干部，争做为民服务好公仆"的活动热潮，为夯实全市文创领域党建工作基础、开创首都文化产业工作新局面提供坚强的组织保证和人才支持。

（供稿人：林燕）

【编制《关于加强和改进非公有制文化创意企业党的建设工作的意见（试行）》】 按照市委宣传部有关要求，在开展专项调研的基础上，市文资办党委着力推进全市非公文创企业党建工作，研究起草了《关于加强和改进非公有制文化创意企业党的建设工作的意见（试行）》。《意见》坚持问题导向，结合文创领域特点，提出了一系列对策建议，核心内容是"搭建一个平台，健全三项机制，抓好五项任务"。搭建一个平台，即从市级层面形成一个工作统筹平台，明确归口部门，通过首都文化产业协会党委加强"条"上的管理；健全三项机制，即健全指导服务机制、激励引导机制、基础保障机制；抓好五项任务，即加强基层服务型党组织建设，加强党员教育管理服务，加强对企业出资人的教育引导，提升党务工作者素质能力以及推动党建工作创新。《意见》通过加强顶层设计，整合各方资源和力量，系统解决突出问题，创新推进全市非公文创企业党建工作。

（供稿人：苗文玉）

【组建纪检监察处】 市文资办设党的纪律检查委员会，与北京市监察局派驻的监察处合署办公。纪检监察处编制人数5人，主要负责机关党风廉政建设和行使行政监察权力。主要职责包括：贯彻落实机关党委、纪委和上级纪检监察机关关于加强党风廉政建设、反腐败斗争、纠正行业不正之风、党的纪律检查工作和行政监察工作；负责对机关党员干部（含所属企业从业人员）或监察对象依法行使监察权，调查权、建议权和一定的行政处分权；保护监察对象依法行使职权；维护监察对象的合法权益；负责受理对机关党员干部（含所属企业从业人员）和监察对象违法违纪行为的检举、控告；受理不服党纪、政纪的申诉及法律、法规规定的其他由纪检监察部门受理的申诉；负责立案调查，处理机关党员干部（含所属企业从业人员）或监察对象违反国家法律、法规、党纪、党规以及机关规章制度的行为，根据法规和权限处理建议或处分决定；协同有关部门开展遵纪守法、履行职责、勤政、廉政的教育；负责对机关干部（含所属企业中层以上干部）任免、考试、招聘、工程招投标、大项资金使用、大宗物资采购等工作的监督监察；组织机关纪检监察干部的理论、政策学习和业务学习及培训，提高纪检监察干部的政治素质和理论水平；完成机关和上级纪检监察机关交办的其他工作任务。

（供稿人：付万成）

【加强机关党风廉政建设】 年内，办党委多次召开专题会议，认真研究安排党风廉政建设和反腐败工作，把党风廉政建设责任制作为重要工作来抓。市文资办主任周茂非同志带头讲党课、作报告，意在提高党员干部素质和增强干部防范意识；党委副书记、纪委书记赵磊同志采取形式多样的方法召开纪检工作会议，研究反腐倡廉的办法和对策，确保党风廉政建设责任制工作顺利推进。健全完善党风廉政建设责任制网络体系，形成党风廉政建设分工负责、齐抓共管的工作局面。

（供稿人：付万成）

【清理确认机关涉权事项】 年内，按照市纪委《关于进一步加强宣传系统廉政风险防控管理实施意见》的部署和市委宣传部的具体要求，清理确认了全办的涉权事项（目前除“三重一大”外，共涉权61项，其中45项属于内部职权，16项属于外部职权），制作了全办涉权事项的责任分工及风险防控措施，编制了权力运行流程图。结合工作实际，将党风廉政建设工作内容逐项分解，与各处室、中心签订目标责任书，明确责任，落实到各分管领导、责任部门，实行一级抓一级，年终进行考核，并把考核结果与年终评优评先进行挂钩，增强了各处室、中心和分管领导抓好党风廉政建设的责任心，从而形成了横向到边、纵向到底，上下联动的责任机制，进一步健全和完善了党风廉政建设工作责任机制。

（供稿人：付万成）

【推选首届“首都文化企业30强、30佳”】 9月5日，在北京市委宣传部的指导下，市文资办、文化局、新闻出版广电局、文物局、文促中心等单位组织召开“培育首都文化骨干企业座谈会”，并发布了首届“首都文化企业30强、文化企业30佳”名单。首届“首都文化企业30强”和“首都文化企业30佳”，以主流价值为取向，在社会效益与经济效益相统一的原则下，注重企业的综合效益与成长创新，经过专家学者和相关部门五轮严格的推选，在文化艺术、新闻出版、广播影视、文化科技等文化产业领域中推选出一批优秀文化企业。首届首都文化企业30强，国有或国有控股的企业占总数的36%，一共有8家，且均匀分布在文化艺术、广播影视和新闻出版这三个传统行业。其中非上市企业6家，上市企业两家。其余的22家为民营企业，上市公司和非上市公司各占一半。而在这22家企业当中，文化科技类企业独占8家，占30强评选的四分之一，说明30强企业为了顺应时代的发展，主动向文化与科技融合的道路上迈进，这为企业带来了较高的经济效益。“首都文化企业30佳”的推选是全国首创，着重考查企业的成长性和创新性，注重文化企业在促进产业融合、新业态培育、商业模式创新等方面的探索，推选出“专特精新”的文化企业。据统计，首都文化企业30佳主营收入总和超过186.62亿元；税前利润总额将近20亿元，达19.46亿元；净资产总额约177.54亿元。30佳企业纳税总额总计达到16.26亿元。年度收益增长率是发展潜力的成长性指标，反映企业的盈利能力。

（供稿人：潘 涛）

【6家北京企业上榜第六届中国“文化企业30强”】 5月15日，中宣部召开“推动中华文化走出去座谈会”，光明日报社和经济日报社联合发布了第六届“文化企业30强”名单。其中，北京市推荐报送的保利文化集团股份有限公司、北京北广传媒集团有限公司、北京光线传媒股份有限公司、北京万达文化产业集团有限公司、北京畅游时代数码技术有限公司、完美世界（北京）网络技术有限公司等6家企业入围全国“文化企业30强”。

（供稿人：潘 涛）

【认定30家北京市文创产业人才培养基地】 为健全人才培养体系，加大人才培养力度，市文资办制定了《北京市文化创意产业人才培养基地认定和管理办法（试行）》，发布《关于公开征集北京市文化创意产业人才培养基地的公告》，按照申报征集、材料初审、评审打分、实地踏勘、评审认定五个阶段，在全市范围内分两批认定了30家人才培养基地。2014年5月29日，在“北京市文化创意产业人才培养基地”授牌仪式上，中国传媒大学、北京市兴邑世纪国际新媒体产业投资有限公司、北京洛可可科技有限公司等30家基地获得该项荣誉称号。市委宣传部副部长张淼，市文资办主任周茂非、副书记赵磊，市委组织部、市人力社保局相关负责同志等出席授牌仪式。

（供稿人：王东琴）

【北京文创双高人才发展中心成立】 年内，市文资办和北京双高人才发展中心开展战略合作，充分整合双方资源优势，成立北京文创双高人才发展中心，搭建了文创领域的专业化人力资源服务平台。文创双高人才发展中心以“服务文创人才、服务文创企业、服务文创产业发展”的宗旨，主要职能有：档案及人事外包服务，包括人事档案委托管理、人事政策咨询、存档党员组织关系接转等；人力资源高端服务，包括人力资源的业务咨询、猎头、测评、培训等；信息服务，包括建立首都文创人才信息库、打造一站式网络信息平台、开展代理招聘等综合服务；技术研发，包括开展人才评价技术工具开发研究、职业经理人测评技术研究等。

（供稿人：赵海东）

【举办4期文创领域党组织负责人培训班】 2014年3月，文资办系统首个非公文创领域党组织负责人培训班成功举办。培训分4期进行，有150位非公文创企业的党组织负责人，以及办机关处室、事业单位和部分国有文化企业的有关负责同志共200余人参加。培训班邀请了中央党校、中欧商学院等知名院校的专家学者，以及市委组织部相关负责同志等进行授课，专题就基层党建工作、服务型党组织建设等进行系统讲解，市文资办领导班子作了文创领域发展新形势的专题报告，培训活动取得良好效果。

（供稿人：毛雅粒）

【举行2014北京市文化创意产业领军人才研讨会】 2月26日，市文资办和《光明日报》共同举办的“深度融合：文化产业的二次腾飞——文化创意产业领军人才研讨会”在首都大酒店举行。本次研讨会围绕“互联网时代的文化产业发展”、“文化企业的融资之道”、“创意设计助推产业转型”三个主题展开研讨，中央单位、相关委办局有关领导、专家学者、文化企业家近三百人参加了研讨会，共同为建设首都文化产业人才高地、发展首都文化产业建言献策。

（供稿人：潘 涛）

【举办9期首都文化企业家沙龙】 年内，市文资办组织举办9期首都文化企业家沙龙活动。其间，邀请中宣部、文化部、中国人民银行等相关部门负责人为北京文化企业家解读最新政策，分析文化创意产业最新动态，分享发展文化创意产业心得。通过沙龙活动，俱乐部成员企业加深了解了中国文化产业发展方向及政府相关政策与工作，同时，加强了俱乐部成员企业间的沟通与交流，并相互开展了许多卓有成效的合作。

（供稿人：潘 涛）

【市文资办与中央金融机构互派挂职干部】 年内，市文资办与中央金融机构人才交流进一步加强，互相选派干部进行挂职交流。中央金融机构来市文资办挂职干部6人，市文资办派出挂职干部4人。

（供稿人：张丹）

【举办2014年文化创意产业专业技术人员能力建设高级研修班】 2014年9月22日至26日，在市委宣传部的指导下，市文资办与市人力社保局共同举办首个国家级的文化创意产业专业技术人员能力建设高级研修班。共有学员70余名，他们分别来自京津冀等10个省市地区。坚持“高起点统筹、高标准设计、高水平研修”的办班理念，开设包括文化创意产业政策、文化企业投融资、商业模式等多项课程，采取专家面授、案例教学、现场观摩、分享评鉴的一体化教学模式，让学员接受到了高层次、全方位的文化创意产业理论和实践知识教育。

（供稿人：张丹）

【举办文化公共服务机构培训交流活动】 年内，市文资办举办文化公共服务机构培训交流活动，共吸引30余家相关产业园区、联盟、协会和孵化器等公共文化服务机构、80余位与会专家以及300余家知名企业负责人逾900人次踊跃参与，数码大方、掌趣科技、同方知网等70余家知名企业的董事长、总裁、总经理等企业高管100余人参与了分组座谈，为今后制定北京市文化产业融合发展相关政策提供实际参考，促进了我市文化产业领域各类组织机构与企业间的沟通与合作，获得学员一致好评。

（供稿人：杜梦）

文化创意产业“走出去”

【2014北京国际设计周盛大开幕】 2014年9月26日—10月3日，“2014北京国际设计周”举办。本次活动主题为“设计之都·智慧城市·生态文明”，包括开幕活动、设计大奖、设计市场、智慧城市、设计人才、主宾城市和设计之旅7项活动。其中，设计之旅延续“国庆·北京看设计”主题，呈现威尼斯建筑双年展大栅栏展览、东城创意胡同等内容。设计消费季以房地产、珠宝、会展三大行业为核心，作为北京惠民文化消费季的一部分，进行设计消费推介。举办经典设计奖、行业设计专项奖和中国设计红星奖评选活动，以及“设计·改变”主题论坛和人才推介交流会，与美国艺术中心设计学院合作举办设计工作坊。本次设计周主宾城市巴塞罗那在751北京时尚设计广场79罐区、大栅栏等地，举办“巴萨设计馆”、“巴萨艺术工厂”、“相约双城”等主题活动，就巴塞罗那创意成果进行展示。

（供稿人：王敏）

【举办2014北京首尔新媒体艺术交流活动】 2014年8月27日，由市友协、市文资办和韩国首尔文化财团共同主办的“2014北京首尔新媒体艺术研讨会”在中央美术学院召开。按照对等交流方式，10月由中韩艺术家组成的6个设计团队的6组新媒体艺术作品在韩国首尔市民厅举办。

（供稿人：王敏）

【“北京服务”亮相德国科隆国际游戏展】 应德国科隆国际展览公司（Koelnmesse GmbH）邀请，2014年8月12日，市商务委、市文资办、市贸促会、幸星数字娱乐公司、完美世界（北京）公司、趣游科技集团等赴德国参加科隆国际游戏展并出席“中国文化贸易展区”开幕剪彩仪式。展场通过北京文化贸易展位对我市文化贸易情况、典型企业等进行宣传，推介北京市优秀文化创意产品及服务。会后，代表团实地调研北京市文化贸易境外企业，与北京市文化企业华韵尚德公司在德国设立的境外企业——德中传媒有限责任公司进行座谈交流。

（供稿人：王敏）

【2014中美创新设计艺术展在美举行】 2014年7月7日—11日，为纪念北京和华盛顿缔结友好城市30周年，由市文资办和华盛顿特区艺术人文委员会主办的“中美创新设计艺术展”在华盛顿举行。本次展览采用创新展示、观众体验、社区互动、主题论坛、项目合作、产业链接、作品拍卖等多种形式，展出中美设计师设计精品近80件，涵盖时尚、生活、工业、科技创新等各个领域。展览结束后，部分优秀设计作品被带回北京，参加“北京惠民文化消费季”系列活动。

（供稿人：王敏）

【与土耳其伊斯坦布尔建立文化交流合作机制】 2014年11月22日—26日，市文资办赴土耳其与当地文化旅游部伊斯坦布尔局和伊斯坦布尔市文化社会事务局探讨建立交流合作固定机制和文化促进贸易政策。出席“第二届土耳其设计双年展”和“第九届伊斯坦布尔当代国际艺术节”，推介北京市文化产业。与土耳其文化艺术基金会和北京市文化企业澳星东方文化发展公司参股的RadyoRitim音乐电台座谈，探索通过资本运作、跨境并购、合办展会等方式推动双方文化产业务实合作，推进北京优秀文化企业和项目“走入”土耳其。

（供稿人：王敏）

【与华盛顿特区人文艺术委员会签署谅解备忘录】 为庆祝北京市与华盛顿特区建立友好城市30周年，2014年9月4日，美国华盛顿市市长文森特·格雷一行拜访市文资办，双方就两市文创产业发展情况及相关文创发展项目展开座谈。会上，市文资办与华盛顿特区人文艺术委员会在两市友好城市协议框架下共同签署《谅解备忘录》，建立北京市和华盛顿市在文化创意产业合作、人员培训和文化交流等领域的固定交流合作机制。

（供稿人：王敏）

宣传展示交流

【文化创新综合展区“亮相”第三届京交会】 2014年5月28日，第三届京交会正式开幕。以“文化创新，融合发展”为主题的“北京文化创新综合展区”亮相展会。展区主体结构为螺旋形，结构材料遵循“绿色、环保”

的设计理念。展示内容包括近年来北京市推动文化改革发展的一系列重要举措和成果，及下一步规划思路和发展方向，并对7大类14家重点文创企业和首都文化投融资平台——北京市文化投资发展集团进行展示。该展区在图文、视频、互动体验项目、企宣品交流等传统展陈手段基础上，运用云计算、移动终端、多点触控、二维扫描等高新技术手段，突出参展企业和项目的文化内涵和科技创新理念。活动期间，该展区共有4个项目参加项目签约，总签约额为27.7亿元人民币，较去年增长近3倍。

（供稿人：王敏）

【2014年北京文化创意产业展（台北）交易总额增长16倍】 2014年4月24日—27日，由市文资办、市贸促会、北京海峡两岸民间交流促进会、台北世界贸易中心主办，市旅游委、市文创国际集团、市文促中心、北京工美协会等单位协办的“2014京台文化创意产业展”在台北世界贸易中心成功举办。此次展会以“创意·合作·发展”为主题，展出面积800平方米，设置“动漫网游及衍生产品”、“旅游及文博衍生品”、“传统工艺美术珍精品”和“出版发行精品”四个主题展区，共有50余家北京市文创企业参展，接待岛内文创业界专业人士及民众2万余人次。展会期间，北京出版集团、木偶艺术剧院、精彩互众、格申工艺等10家北京文创企业与20余家台湾企业达成合作意向并签署合作协议，总金额约7.6亿元，与2009年首届文创展览实现的交易额5000万元相比增长16倍。活动期间还举办“水墨大同艺术联展”活动，缪法宝、孙安民、米金玉、梁占岩、袁武、马子恺、殷会利、王晓辉等一批书画名家，与台湾地区文化艺术界开展交流。

（供稿人：王敏）

【2014欢乐春节“北京地坛文化庙会”开启台北之旅】 2014年2月7日—16日，由市文资办、市台办、东城区政府共同指导主办，并纳入文化部“欢乐春节”系列活动的“欢乐春节 北京地坛文化庙会 台北之旅”在台北花博公园成功举办。此次活动为“北京地坛文化庙会”首次移师台湾地区，为期10天，现场设立摊位40余家，民俗文化表演20余场，累计客流量近35万人次，现场销售额达120余万元人民币。

（供稿人：王敏）

【第十届深圳文博会北京展区协议金额近60亿】 2014年5月15日，“第十届中国(深圳)国际文化产业博览交易会”在深圳会展中心开幕。中共中央政治局委员、中央书记处书记、中宣部部长刘奇葆，中宣部副部长、国家新闻出版广电总局局长蔡赴朝，中宣部副部长孙志军，北京市委常委、宣传部部长李伟参观北京展区。北京展区围绕“走出去战略助力北京文化产业繁荣发展”主题，重点关注创意设计、广播影视、动漫网游、出版发行、文化艺术等行业，对畅游时代、完美世界、四达时代、华韵尚德、时代华语、洛可可设计等5大板块21家文创企业业绩成果进行展示。展会现场，工商银行北京市分行、农业银行北京市分行、民生银行、北京银行、京都文化、乐视网、嘉德拍卖、尚巴文化等4家金融机构和14家企业就11个项目达成合作协议，协议总金额达59.09亿元。北京文创代表团就国家对外文化贸易基地、CBD—定福庄国际传媒走廊、北京文化创新工场等重点项目进行推介。

（供稿人：王敏）

【京港文化创意产业研讨会在京举行】 2014年11月25日，作为第18届京港洽谈会的重点板块之一，由市文资办、市港澳办、市投促局、香港贸发局主办，香港《文汇报》协办的“京港洽谈会·文化创意产业研讨会”在北京饭店会展中心举行。京港两地政府部门领导、文创企业代表、行业协会负责人以及新闻媒体记者120余人参加会议。此次研讨会共发布24个文创项目，其中综合推介类2个，园区招商资源10个，企业融资项目12个，投资额近120亿元。本届京港洽谈会期间，香港企业家代表就北京市文化创意产业发展情况开展专项考察，赴北京文化创意产业展示中心、北京文化创新工场、开心麻花公司等进行参观调研。

（供稿人：王敏）

【北京文化创意产业展示中心接待各级政府、企事业单位参观考察】 2014年，北京文化创意产业展示中心共接待各级政府、企事业单位参观考察232批次、5180人。其中，党政机关105场次，共1298人；企业76场次，共1774人；学会、协会18场次，共475人；举办各类仪式活动12场次，共1274人；涉外接待8场次，共146人；国级领导1场次，共1人；部级领导13场次，共19人；局级领导68场次，共593人；局级以下领导接待150场次，共4567人。

（供稿人：石燕玲）

【“锐不可当——虚苑青年版画创作新锐奖展览暨颁奖仪式”举行】 由北京虚苑文化艺术发展有限公司和北京市文资办举办、北京文化创意产业展示中心协办的“锐不可当——虚苑青年版画创作新锐奖展览暨颁奖仪式”于2014年9月12日—9月20日在北京文化创意产业展示中心举行。“锐不可当”虚苑青年版画创作“新锐奖”征集到40多所高等院校、883件作品。经过11位版画界专家三轮投票，最后评选出27件获奖作品。此次青年版画创作呈现出一种新的艺术特征。

（供稿人：石燕玲）

【举办“高松流云——方召麐百年回顾展”】 2014年3月9日，“高松流云——方召麐百年回顾展”在新华1949园区虚苑画廊举办。展览从文献资料上梳理了方召麐的一生，并展出了她的水墨、书法，以及小册页，从各方面展示了方召麐的艺术成就。4月17日，全国政协常委，中国书协副主席苏士澍、市政协主席吉林参观了此次展览。

（供稿人：石燕玲）

【举办"互联网时代的创意经济——总裁悦话"】 2014年5月21日，由长江商学院主办、市文资办协办"互联网时代的创意经济"总裁悦话暨文化创意产业高级管理课程体验课在展示中心举行。长江商学院副院长廖建文、文创项目主任朱睿、中央人民广播电台副台长王晓辉、易到CEO周航以及新闻媒体等社会各界约100人参加此次活动。市文资办主任周茂非、党委副书记赵磊、副主任刘绍坚、副主任龙晓雯出席此次活动。

（供稿人：石燕玲）

【组织13场新闻媒体集体采访活动】 年内，积极邀请中央和北京市属媒体，利用平面纸媒、广播电视、网络新媒体，将点（有意义的时机点）、线（主题是传播）、面（重点媒体和辅助媒体）相结合，充分发挥电视、广播、报刊等传统媒体宣传报道的基础上，加大网络、手机报等新媒体报道力度，形成了全媒联动的集聚宣传推广效应，重点宣传功能区规划、投融资服务体系、国有文化资产监管的经验和做法等工作。共接待新华社、《人民日报》、《北京日报》、《经济日报》、《中国文化报》等主要媒体主题采访13次。在第二届北京惠民文化消费季期间，国内外200多家新闻单位、800多位记者参与到惠民文化消费季的宣传报道之中。截至目前，新闻报道近万篇（条），其中报刊媒体报道1500多篇、广播电视报道300多条，各大新闻网站和主要门户网站报道8000多篇。

（供稿人：成娟）

【召开媒体工作研讨会】 年内，组织平面媒体、网络与新兴媒体及广播电视媒体专家，高校教授、公关公司专家、推介市文资办的重点工作和实效，总结2014年全年宣传工作的得失，了解媒体反馈，研讨下一步宣传工作方式，为做好2015年的宣传工作打下基础。

（供稿人：成娟）

文化经济政策平台

【建设北京文化经济政策线下一站式服务平台】 平台汇集国家、北京市及各区（县）相关文化经济政策284份，设定政策梳理维度136个，细化分解形成3994条政策条款，形成文化经济政策内容库，面向行业和区（县）编制政策服务指南。推动完成北京文化创意产业展示中心内部改造，与文促中心共同合作完善线上系统，实现政策平台线上线下全面平稳运行。

（供稿人：戴旭）

2014
年鉴

第五部分

监管企业改革发展情况

北京市文化投资发展集团中心

综述

2014年，北京市文化投资发展集团中心围绕首都文化创意产业投融资服务体系建设、文化要素市场建设、文化功能区建设、市政府重大项目投资、文化产业股权投资等方面工作，通过专业化和市场化的资本运作，统筹为文化创意企业提供专业投融资服务的文化金融机构，经营、管理授权范围内的国有文化资产，推动北京市国有文化资产整合和优化配置，有效提高政府专项资金使用效率，盘活国有文化资产，促进国有文化资产的保值增值，推动北京市文化创意产业不断向前发展。

【北京市文化投资发展集团中心迁入新址办公】 2月16日，文投集团举行新址揭牌仪式，市文资办全体领导班子出席仪式。

（供稿人：王文君）

【完成对北京市文化置业有限公司1亿元增资】 3月31日，文投集团以货币资金的方式对北京市文化置业有限公司增资1亿元。

（供稿人：王文君）

【完成对北京市文化创意产业投资基金管理有限公司5000万元增资】 4月，文投集团本部对全资子公司北京市文化创意产业投资基金管理有限公司增资5000万元，总投资额达1亿元。

（供稿人：王文君）

【完成对北京首寰文化旅游投资有限公司一期4.5亿元增资】 7月，文投集团本部对参股公司北京首寰文化旅游投资有限公司增资4.5亿元，总投资额达4.95亿元，占比15%。

（供稿人：王文君）

【完成对国家体育场有限责任公司3.6亿元增资】 7月，文投集团本部拨付3.6亿元投资入股国家体育场有限责任公司，占比14.547%。

（供稿人：王文君）

【完成对北京市文化创新工场投资管理有限公司7000万元增资】 经市文资办第14次领导工作会议审议通过，9月，文投集团本部对全资子公司北京市文化创新工场投资管理有限公司增资0.7亿元，总投资额达1亿元。

（供稿人：王文君）

【北京市文化投资发展集团中心与澳门新濠江国际文化产业交易中心签署战略合作协议】 12月12日下午，北京市文化投资发展集团中心与澳门新濠江国际文化产业交易中心签署了战略合作协议，就共同打造“海上文化丝绸之路”,共同“推动北京文化庙会”文化产品、文化项目走入澳门，共同促进京澳两地文化产业繁荣发展等方面达成合作意向。签约仪式由市文资办党委副书记赵磊主持，文资办相关处室，文投集团各部门共同出席。

（供稿人：王文君）

【设立北京文资华夏影视文化产业投资基金】 4月17日，“北京文资华夏影视文化产业投资基金成立发布会”在北京饭店成功举行，基金规模20亿元人民币。发布会上，投资基金各发起方进行了现场签约，国家新闻出版广电总局副局长童刚，北京市委常委、宣传部部长李伟，中国电影基金会理事长张丕民，国家新闻出版广电总局电影局副局长栾国志，北京市文资办主任周茂非，北京市证监局局长王建平，北京市广电局局长李春良，北京市怀柔区区委书记齐静，北京市怀柔区区长常卫，中信资产管理公司董事长刘志强，北京广播电视台党委书记兼北京北广传媒集团有限公司董事长刘志远，中国电影股份有限公司董事长喇培康，中国电影基金会常务副理事长兼秘书长阎晓明，上影集团董事长兼总裁任仲伦，长影集团有限责任公司总经理毕述林，中国电影基金会副会长成龙、章子怡共同为华夏影视投资基金揭牌。

（供稿人：孙良）

【北京市文化产业小额贷款股份有限公司成立】 5月21日，北京市文化产业小额贷款股份有限公司在市文资办主任周茂非、党委副书记赵磊和相关处室的支持下，积极与北京市金融工作局、西城区金融办及相关职能部门进行沟通协调，不断完善筹建方案，按照监管部门的要求填报各类材料，完成监管要求的各类审计、法律调查工作以及营业场所搭建、人员招聘培训、制度流程建设等准备工作，取得小额贷款公司批设文件，并完成工商注册登记。

（供稿人：陈莹莹）

【纪念红军长征八十周年献礼剧《十送红军》登录央视一套黄金档】 6月11日，北京市文化创意产业投资基金管理有限公司投资拍摄的纪念红军长征八十周年献礼剧《十送红军》登录央视一套黄金档。该剧以长征为线索，穿插着讲述了十个普通红军战士的故事，获得社会各界好评。

（供稿人：孙良）

【央广视讯传媒股份有限公司成立】 6月25日，央广视讯传媒股份有限公司正式创立，标志着公司股改完成。市文资办党委副书记赵磊、中央人民广播电台台长王求出席并讲话。国家新闻出版广电总局办公厅副主任邓慧文，国家新闻出版广电总局财务司处长金北宁，中央人民广播电台副台长赵忠颖、王晓晖等一同出席。

（供稿人：孙良）

【46家企业入驻北京市文化创新工场车公庄核心示范园】 7月底，46家经过评审的企业入驻北京市文化创新工场车公庄核心示范园，在整体工程竣工后仅一个月，就实

现了100%的入驻率。

（供稿人：刘志刚）

【北京文资控股有限公司成立】 8月1日，北京市文化创意产业投资基金管理有限公司与北京市文化投资发展集团有限责任公司、北京三奇永恒投资咨询公司共同设立北京文资控股有限公司，参与松辽汽车股份有限公司（600715）的股份定向增发，同时收购上海都玩和江苏耀莱两家文化企业100%的资产，实现资产重组上市，重组完成后文资控股将成为上市公司控股股东。

（供稿人：孙良）

【北京市文化科技融资租赁股份有限公司成立】 9月1日，北京市文化科技融资租赁股份有限公司于北京文化创意产业展示中心举行了隆重的开业仪式。在仪式上，市文资办与北京天竺综合保税区管理委员会签订了合作框架协议。文科融资租赁公司与建行北京分行、工行北京分行、北京银行等9家银行签订了合作协议，首期提供了200亿元人民币授信额度；与爱奇艺集团、趣游科技等10家文化企业代表签订了合作协议，首期提供26亿元的融资额度。文科融资租赁公司是我国第一家开展文化无形资产融资租赁业务的企业，是北京市第一家混合所有制的文化融资租赁公司，将尝试开展员工持股，实施股权激励制度，并首次试点职业经理人制度、完全市场化选聘人才。

（供稿人：李中秋）

【北京环球影城主题公园项目媒体发布会举行】 10月13日，“北京环球影城主题公园项目媒体发布会”在北京国际饭店会议中心举行。市文资办党委副书记赵磊、美国环球影城公司负责人和中方项目平台公司及股东方代表出席发布会。该项目被列为北京市“十二五”期间重大项目，总投资额预计超过200亿元，旨在通过引进国际知名的“环球影城主题公园”品牌，将世界先进的主题公园设计理念和游乐技术与中国文化元素相融合，建造成国际最高水平的大型主题公园。

（供稿人：孙良）

【文创基金产业园结构封顶】 文创基金产业园项目于2014年3月4日开工建设，该项目建设用地规划面积范围为36536.54平方米，规划建设总面积约13.7万平方米（其中地下面积约4.6万平方米，地上面积约9.1万平方米）。2014年10月底实现了结构封顶。

（供稿人：刘广振）

【北京市文化科技融资担保有限公司担保业务达到100笔】 10月31日，北京市文化科技融资担保有限公司与北京银行合作，为中农春雨高科技股份有限公司放款500万元，这是担保公司完成的第100笔担保业务。

（供稿人：张熙培）

【北京文化创新工场文金公司成立】 为便于管理运营西城经济日报社项目，2014年7月1日，市文资办第10次领导工作会议审议同意北京文化创新工场与中科亿成公司合资成立项目运营公司。2014年11月5日，该公司完成工商注册，获得营业执照。

（供稿人：刘志刚）

【电视剧《巨浪》新闻发布会暨开机仪式举行】 11月24日，“电视剧《巨浪》新闻发布会暨开机仪式”在北京东方君悦大酒店举行。项目主创团队和北京市文化创意产业投资基金管理有限公司等主要投资方代表出席发布会。中宣部文艺局副局长许先锋、市委宣传部常务副部长王海平、市文资办及中央电视台有关领导亲临现场。

（供稿人：孙良）

【北京文化创新工场文科公司注册成立】 为有效解决日益增长的网络技术服务需求，进一步满足入驻企业专业化的网络技术日常服务需要，2014年12月15日，市文资办第22次领导工作例会审议同意文创工场与中航爱思德共同出资成立技术服务公司。2015年1月30日，该公司完成工商注册，获得营业执照。

（供稿人：刘志刚）

【北京市文化科技融资担保有限公司授信总额达275亿元】 12月，北京市文化科技融资担保有限公司与20家银行建立合作关系，授信总额达275亿元，授信工作取得巨大进展。

（供稿人：张熙培）

【北京文化产权交易中心有限公司获批成立】 为落实党的十八届三中全会“建立多层次文化产品和要素市场，鼓励金融资本、社会资本、文化资源相结合”精神，市委市政府高度重视发挥文化产权交易平台的作用，并在市十一届四次全会中明确提出“推动搭建综合性的文化产权交易平台”。2014年4月，市文化改革和发展领导小组办公室专题会通过了《北京文化产权交易中心筹建方案》，“同意‘北京文化产权交易中心’商号，市文资办商市工商局做好工商注册工作。”2014年12月29日，经北京市政府审批，市金融局《关于同意北京文化产权交易中心有限公司设立的批复》（京金融〔2014〕204号）正式下达。

（供稿人：施海红）

【北京市文化科技融资担保有限公司完成二期7.5亿元增资】 12月29日，北京市文化科技融资担保有限公司股东会审议通过关于增加公司注册资本金的议题，将公司注册资本金增至15亿元人民币。

（供稿人：张熙培）

北京国际广告传媒集团有限公司

综述

2014年，北京国际广告传媒集团在市委宣传部和市文资办的关心指导下，稳步推进集团筹建工作，积极研究发展思路，对广告传媒业发展趋势及自身现状进行了剖析，确立了股权改制的基本思路以及开发新媒体业务的发展方向。

随着经营业务的不断推进，集团的工作取得了明显成效：充分利用媒体资源优势，强化“北京国际广告传媒集团”的品牌建设；紧紧依托在文化活动策划方面的经验与优势，成功策划多场次大型会议展览及演出活动；积极运用互联网新媒体平台，探索传统媒体与新媒体融合发展之路。

【京广互动（北京）广告有限公司成立】 1月23日，市文资办2014年第1次领导工作会议研究原则同意成立京广互动（北京）广告有限公司。3月17日，京广互动（北京）广告有限公司注册成立。主营业务涵盖户外、电台、社区等媒体广告。目前，该公司已经在30余个一二线城市、100余个三四线城市投放广告。

（供稿人：张丽娜）

【京广网舆（北京）信息服务有限公司成立】 5月19日，市文资办原则同意京广传媒集团与中国行为法学会共同出资组建京广舆情咨询（北京）有限公司，从事舆情咨询业务。6月27日，京广网舆（北京）信息服务有限公司注册成立，主营业务涵盖舆情服务、大数据营销等领域。目前京广网舆为最高人民法院、北京市新闻出版广电局等单位提供舆情及数据服务。

（供稿人：张丽娜）

【京广时代（北京）广告有限公司成立】 6月25日，市文资办原则同意成立广电广告业务合资子公司（京广时代）。7月27日，京广时代（北京）广告有限公司注册成立。依托集团作为市文资系统国有企业的信誉度等各方面优势，京广时代吸纳合资方丰富的客户资源，借助其成熟的管理和销售经验，持续扩大集团在电视广告领域的业务规模。

（供稿人：张丽娜）

【互联网文娱传播联合研究中心成立】 9月18日，京广传媒集团与百度公司共同发起成立“互联网文娱传播联合研究中心”。该中心有效借助百度直达号、移动云和大数据等平台，积极开发戏剧行业“直达号”模板，推动北京乃至全国的演出团体、表演艺术教学研究机构、艺术场馆经营单位探索开展面向移动互联网的O2O服务，延伸表演艺术产业经营和宣传链条。

（供稿人：张抗）

【完成“APEC会议周”国家会议中心和新闻中心的搭建和运行维护】 4月至11月，京广传媒集团负责APEC会议国家会议中心、雁栖湖新闻中心（面积共约23000平方米）的整体功能区域设计、搭建、景观布置及运行保障，对接主转播商和境内外媒体的各项技术需求，提供电力、照明、家具、通讯网络等多项设备设施及技术支持服务。11月4至11日，两个新闻中心共接待来自全球4000余名注册记者，集团运行团队提供专业化、全方位的运行配套保障和全天候的周到服务，得到各级领导的肯定和国内外媒体的称赞。

（供稿人：张抗）

【承办第88届纽约梅西感恩节花车巡游活动】 11月27日，由京广传媒集团负责执行的“借助美国梅西百货感恩节巡游推介北京旅游”项目在纽约顺利举行。“北京元素”首次在近百年历史的商业化全美最大型的游行活动——2014美国梅西感恩节盛装大游行表演环节展示，借助国际主流平台和新媒体传播平台，使来自世界各地成千上万的观众感受和了解北京文化的丰富多彩，并参与到北京旅游活动中，是中国北京旅游以及北京城市形象宣传走向世界主流的新创举。

（供稿人：张丽娜）

【举办美国曼哈顿交响乐团2014北京音乐会】 4月7日—10日，京广传媒集团主办的“美国曼哈顿交响乐音乐会”在保利剧院连续演出4场，音乐会的组织、宣传以及票务销售等工作受到市文资办领导以及演出方、剧院和社会各界广泛好评。该项目是集团成立以来主办的首次演出项目。

（供稿人：张抗）

【举办法国戛纳电视节“北京日”主题活动】 4月10日，京广传媒集团参加了在法国戛纳举办的“第51届春季国际电视节（MIPTV）”，并承接于电视节开幕第二天下午黄金时段在北京展览场馆举办的“北京日”主题活动，旨在不断拓展海外市场，收获签约项目、逐步搭建海外成功营销平台。该项目是集团继成功承办2013年APEC非正式高官会后，首次走出国门承接政府单位的国际性重要活动，对集团开拓国外业务市场具有里程碑的重要意义。

（供稿人：张丽娜）

【多媒体音乐童话剧《绿野仙踪》首演】 5月30日—6月2日，由京广传媒集团进行市场推广、商业开发的多媒体音乐童话剧《绿野仙踪》在枫蓝剧场首演。该剧将传统童话加以现代元素的演绎，使得这部美国传统童话具有现实意义。

（供稿人：张丽娜）

【制作国内首档拳击竞技类真人秀《勇敢的心》】 10月5日—11月2日，由京广传媒集团与北京卫视联合制作的娱乐节目《勇敢的心》取得良好收视率，在同时段综艺节目收视率中稳居第三位。运作该节目，集团进一步拓展了电视栏目制作、电视广告运营领域的平台，促进了内容策划、创意制作和广告运营相结合的尝试与探索，大幅提升了自身品牌形象。

（供稿人：张抗）

【与河北广告产业园签署战略合作协议】 11 月 4 日，京广传媒集团与河北际华广告产业园控股有限公司签订战略合作协议，双方就推动河北省建设国家级广告文化产业融合发展试验园区、共同开拓河北省户外广告资源（高速公路广告媒体资源）及打造广告上下游产业链达成合作意向。在京津冀协同发展的大背景下，双方的战略合作可以发挥北京广告产业的引领、辐射作用，深度挖掘河北广告文化产业潜力，促进两地在广告业的协同发展，实现各方资源的有效整合。

（供稿人：张抗）

【与北京电信签署战略合作协议】 11 月 18 日，京广传媒集团与中国电信北京公司签署战略合作协议，双方约定在 4G 网络资源建设、新型社区网、百度在场直播、智慧家庭融合产品“悦 me”等领域进行深度合作并进行资源整合。市文资办主任周茂非出席签约仪式并致辞。

（供稿人：张丽娜）

【参加“2014 中国企业领袖与媒体领袖年会”】 12 月 20 日，由中国广告主协会、中国人民大学公共外交研究院、中国传媒大学广告学院共同主办，光明日报社会活动部联合主办的“2014 中国企业领袖与媒体领袖年会”召开。集团荣获“品牌贡献榜·影响中国 2014 年度领军广告公司”，集团负责人王颖荣获“品牌贡献榜·影响中国 2014 年度广告领军人物”，子公司京广互动总经理张庆斌荣获“品牌贡献榜·影响中国 2014 年度传媒领军人物”。

（供稿人：张抗）

2014 年鉴

第六部分

各区（县）文化创意产业发展情况

东城区文化创意产业发展情况

“券游东城”品牌发布会暨“骑游东城”微旅行攻略大赛颁奖仪式

东城区坚持“文化强区”理念，围绕“首都文化中心区、世界城市窗口区”的发展定位，积极推动文化创意产业稳步、健康发展，产业规模和效益不断提升。2014 年，东城区文化创意产业实现增加值 224.5 亿元，同比增长 8.1%，占 GDP 比重 13%；规模以上文化创意产业单位 764 家，实现收入 1536 亿元，较上年增长 9.2%，占全市文化创意产业总收入的 13.9%；利润总额 72.6 亿元，下降 6.2%；从业人员 8 万人，增长 1.2%。文化创意产业发展呈现出集聚、融合、联动、创新的发展趋势，成为全区最具发展潜力的支柱产业。其中，艺术品交易、戏剧演艺、全媒体出版和文化旅游四个领域在全市处于领先地位。

艺术品交易方面，2014 年，艺术品交易实现收入 356.79 亿元，同比增长 15.6%，占总收入的 23.3%。近 50% 的行业领军企业入驻东城，初步形成了以东二环和中国美术馆为中心的艺术品交易集聚区。

戏剧演艺方面，东城区戏剧演出资源丰富，共有艺术表演团体 65 个，首都剧场、保利剧院、长安大戏院等各类剧场 29 个，占全市艺术剧场总数的 40%。2014 年，共上演 920 个剧目，演出

第五届北京南锣鼓巷戏剧节

第五届北京南锣鼓巷戏剧节新生单元剧目《在一起》

文筹网上线启动仪式暨新闻发布会

7380场次，观众约338万人次，票房收入3.4亿元。大麦网、中演票务通、春秋永乐三大票务营销公司占据90%的北京市场份额。

全媒体出版方面，在商务印书馆、人民文学出版社等传统出版单位快速发展的同时，数字出版成为东城区出版行业发展的新亮点，中文在线、盛世骄阳、国际版权交易中心拥有大量版权资源；歌华有线、光线传媒、优视网等拥有新媒体发布资源；当当网等拥有渠道终端资源，这些沿产业链分布的出版资源形成了全媒体出版产业链。

文化旅游方面，东城区突出重大产业项目、品牌活动的带动效应，依托丰富的文化旅游资源和中青旅、中国国旅等龙头企业，2014年累计接待旅游人数8318万人次，同比增长8.2%，位居全市第一；综合收入达到668.76亿元，同比增长7.1%，位居全市第二。

2014年，位于东城区的中国嘉德国际拍卖有限公司、中青旅控股股份有限公司、中国科技出版传媒股份有限公司、北京光线传媒股份有限公司和北京演艺集团有限责任公司共5家企业入选首都文化企业“30强”。其中，北京光线传媒股份有限公司同时入选中国文化企业“30强”。

西城区文化创意产业发展情况

第九届文博会西城区展馆

2014 年，西城区文化创意产业遵循区域功能定位和产业规律，在政策引导、理念创新、环境优化的基础上得到平稳较快发展，产业规模、影响力和跨产业融合度逐步提升，初步形成具有西城特色的文化创意产业发展模式。截至 2014 年底，西城区文化创意产业法人单位资产总额达到 1376.8 亿元，同比增长 10.4%，实现收入 582.1 亿元，利润总额 55 亿元。

一是深化产业融合创新。建立健全以企业为主体、以市场为导向、产学研一体化的文化科技创新体系。其中，北京 DRC 工业设计创意产业基地成为服务工业设计企业的平台；中国设计交易市场正在抓紧建设中；中国北京出版产业园依托先行先试政策推动出版产业创新；3D 影视产业基地在掌握先进技术的基础上，大力开拓应用渠道、抢占市场，并参与相关国家技术标准的起草。以“文化金融创新中心”起步区为目标，推进新华 1949 园区建设，促进知识产权资产化和资本化，构建

▶ DRC 北京工业设计创意产业基地

▶ 10 月 16 日，首届当代小剧场戏曲艺术节在京开幕

▶ 中国北京出版创意产业园区

▶ 12 月 13 日，VRDOC 西区纪录片大会暨“中尚雷禾纪录片创作基金”成立发布会举行

文创企业信用体系，推动文化金融服务方式创新。目前，已引进北京市文化投资发展集团中心、北京市文化产业小额贷款有限公司、北京文化创新工场、中尚联华（北京）投资发展有限公司等一批针对文创企业的投融资服务机构，园区企业达 89 家。

二是完善产业服务体系。加强文创政策与国家、北京市有关政策的衔接，在资金引导、企业发展、融资服务三个层面，推动政策配套服务。在“新华 1949 园区”设立综合服务平台，为文创企业提供运营服务、发展服务、融资服务。成功举办“第二届西城区惠民文化消费季”，拉动文化消费总计 4.2 亿元，居全市 16 区（县）第一。

三是推动企业跨地区协作。与江苏省南京市建邺区、山西省运城市盐湖区、山东省威海市环翠区、香港中华（海外）企业信誉协会、河北省石家庄市、上海市黄浦区、黑龙江省七台河市建立合作机制，推动实现不同地区文创产业园区和企业间交流合作。完善对文创企业的服务，支持繁星戏剧村、德云社、大都影视等文化演出企业在西安、南京及内蒙古等地设场演出和输出剧目，不断开拓国内市场。

朝阳区文化创意产业发展情况

2014 年 6 月，凤凰国际传媒中心投入使用

2014 年，朝阳区文化创意产业蓬勃发展。1-11 月，注册文化创意企业超过 5.3 万家，其中，规模以上文创企业实现收入 2039.1 亿元，利润 64.4 亿元；文化传媒类企业收入占全区文化创意产业总收入的 57.9%；软件、网络及计算机服务业，旅游、休闲娱乐业企业收入连续保持两位数高位增长；移动多媒体、数字内容等新兴业态企业收入年均增速超过 30%。目前，朝阳区文化创意产业已初步实现以投资交易和展示体验为核心的功能布局，以国家文化产业创新实验区为引领的空间布局。

重点项目进展顺利。凤凰国际传媒中心、传媒精英总部、惠通时代广场新址二期、华腾世纪总部公园等一批重点文创项目投入使用，奥林匹克公园项目建设取得重要进展，中国国学中心项目主体结构封顶，鸟巢文化中心项目主体施工完成。

公共服务体系不断完善。成功举办了“朝阳

3 月 26 日，文化创意产业校园人才招聘会在中国传媒大学举办

9 月 26 日至 10 月 3 日，2014 北京国际设计周——751 国际设计节在 751D · PARK 北京时尚设计广场举办

12 月 11 日至 14 日，朝阳区参加第九届文博会

12 月 15 日，国家文化产业创新实验区揭牌暨建设发展研讨会在朝阳规划艺术馆举行

区文化创意产业人才校园专场招聘会”、“2014 北京 798 艺术节”、“2014 北京国际设计周——751 国际设计节”等重点文创产业活动。

国家文化产业创新实验区落户朝阳区。7 月 31 日，文化部批复设立国家文化产业创新实验区。12 月 15 日，“国家文化产业创新实验区揭牌暨建设发展研讨会”在朝阳规划艺术馆举行，标志着该项目正式启动规划建设。该项目以“北京商务中心区 (CBD)—定福庄”一带 78 平方公里为核心承载空间，将积极推动国家层面的各项文化产业政策率先落地，探索文化产业发展的体制机制、政策环境、市场体系、金融服务、人才培养、发展模式等方面的改革创新，努力建设成为全国文化产业改革的探索区、文化经济政策的先行区和产业融合发展的示范区，并适时拓展至全市其他重点文化产业功能区，形成“一区多园”的空间发展格局，并将建立京津冀协同合作机制，促进京津冀文化产业一体化的整体发展。

海淀区文化创意产业发展情况

中关村西区加快业态调整，发展文化创意产业

2014 年，海淀区文化创意产业规模持续扩大，总体呈现出“产值大、结构优、资源多、融合深”四大特征。截至 2014 年底，规模以上文化创意产业单位 2515 家，实现收入 4519.7 亿元，占全市比重 41.0%，同比增长 10.2%；从业人员 50.6 万人，同比增长 1.7%；利润总额 510.7 亿元，同比增长 6.7%。

产业结构不断优化。海淀区结合区域科技产业优势，加大对文化新业态的关注和培育，产业结构不断优化升级。文化创意产业 9 大行业中，8 个行业的收入呈稳步增长趋势。其中，软件网络及计算机服务、广播影视、广告会展、旅游休闲娱乐增速分别为 11.0%、11.9%、13.7%、17.6%。

特色文化广泛传播。聚焦研究和推广“红、兰、皇、法、中”（曹雪芹西山故里红文化、纳兰性德兰文化、“三山五园”皇家园林文化、西山中法文化交流、中关村创新文化）等区域特色文化，研发培育了纳兰音乐会等重点项目。以产业助推文化，组建曹雪芹文化产业联盟，举办第五届曹

▶ 第十二届中国文化产业新年论坛三山五园对话会

▶ “三山五园文化巡展”在中国国家博物馆举行

▶ 第五届曹雪芹文化艺术节

▶ 中关村互联网文化创意产业园

雪芹文化艺术节活动。在国家博物馆和杭州西溪湿地举办“三山五园”文化巡展，参观观众突破15万人次。与北京大学合办第十一届中国文化产业新年论坛；举办“对流——北京西山中法文化交流史迹展”，吸引200多名中外嘉宾参观，近50家媒体参与报道。

文化创意产业深度融合。2014年，举办45期海淀文化沙龙活动，搭建文化创意产业跨层级、跨领域、跨专业的交流合作平台，推进海淀区文化创意产业融合创新发展。发起组建中关村博物馆与艺术品行业联盟，艺术品销售总额14.13亿元。吸引百度、方正阿帕比、优酷土豆、乐视网、联想、小米等国内领军企业在海淀区注册办公，在网络信息搜索、数字出版、网络视听服务、文化装备等文化科技融合新业态方面积累先发优势。

丰台区文化创意产业发展情况

北京国家数字出版基地效果图

文化创意产业作为丰台区重点发展产业，在创新驱动发展，构建“高精尖”产业结构上发挥越来越重要的作用。截至 2014 年底，丰台区文化创意企业 17119 家，其中新注册企业 2946 家，新引进企业 432 家，企业总量比 2013 年底增加 2733 家，增长了 16%，与 2010 年的 3909 家相比，增幅达 338%。规模以上文化创意产业单位实现营业收入 356.7 亿元，相当于 2010 年的 1.4 倍；从业人员 3.5 万人，占规模以上第三产业法人单位从业人员的比重为 8.6%。设计服务业和新闻出版业分别实现收入 77 亿元、41.4 亿元，分别增长 11.1%、12.2%，成为支撑文创产业发展的“双龙头”。

中国戏曲文化中心、北京国家数字出版基地等 4 个功能区列入北京市重点建设的 20 个文化创意产业功能区范围之中。其中，中国戏曲文化中心建立官方网站，搭建戏曲人才网络实训平台，以数字化形式展示戏曲脸谱、服装头饰和道具，广泛传播戏曲知识、文化、人才培训等内容，为保护和传承中国传统精粹文化提供有效载体，并获批文化部特色文化产业重点项目。此外，北京国家数字出版基地、互联网文化创意孵化基地、

▶ 永乐文化产业园

▶ 中国戏曲文化中心效果图

▶ 第九届文博会丰台展区展出戏曲文化产品

▶ 9 月 27 日至 28 日，2014 丰台戏曲文化嘉年华举行

▶ 丰台区文化创意产业培训班举办

创意设计互联网交易平台等一批重点文创产业项目建设取得初步进展，示范带动作用初步显现。

成功举办 2014 年丰台区文化创意产业培训班，覆盖行政村和重点企业，实现“常规培训系统化、特色培训常态化”，基本形成大宣传格局下的四方连动的人才工作体系。梳理 90 余家文创企业孵化器、楼宇、旧厂房等，进行项目招商等各类服务对接。跟踪服务八一电影制片厂文化街区等各类项目 200 余个，63 家企业成为北京文惠卡签约商户。区文化创意产业促进中心服务升级，加挂中国戏曲文化中心筹备办牌子。编制产业政策汇编和企业服务手册，出台文创产业专项资金管理办法，市、区专项资金对产业引导和文化创新作用进一步显现。开通了“文创之家”微博、建立企业家 QQ 群和微信群，举办“文创之家”沙龙，形成线上、线下相结合的综合性信息化产业服务平台。成功举办北京文博会丰台区分会场文创产业活动，组织多家企业参加项目洽商，搭建文创企业和项目展示交易平台。

石景山区文化创意产业发展情况

首钢园区西十筒仓创意广场鸟瞰图

2014 年，石景山区紧紧围绕实施文化 + 科技、文化 + 金融“两条主线”，积极推动动漫网游及数字内容功能区、文化科技融合示范功能区、创意设计服务功能区石景山组团、历史文化和生态旅游功能区“四大板块”建设，文化创意产业发展取得明显成效。截至 2014 年底，石景山区文创企业总数达 5086 家，同比增长 20.8%；规模以上文创企业实现收入 301.7 亿元，同比增长 12.2%。网络游戏产业收入 166 亿元，占北京市的近一半，占全国 14.5%。

重点企业蓬勃发展。华录百纳以 25 亿元收购“蓝色火焰”100% 股份。畅游时代入选全国文化企业“30 强”。畅游时代、华录百纳、精彩投资、暴风科技 4 家企业入选首都文化企业“30 强”、“30 佳”。猎豹移动、蓝港在线、飞扬天下等企业进入资本市场，上市文创企业达到 11 家。丽贝亚、畅游天下、趣游集团、夏岩集团、光影梦幻 5 家企业获批 2014 年北京市设计创新中心。

2014 北京西山八大处文化节

华录文化产业园

蓝港互动有限公司在香港联交所创业板挂牌上市

丽贝亚设计产业园

重点项目稳步推进。中关村石景山园被认定为“数字娱乐特色北京市国际科技合作基地”。趣游时代公司被认定为电子信息领域“轻文化产业孵育北京市国际科技合作基地”。首钢西十筒仓创意广场项目主体工程基本完工。西山八大处文化景区佛教文化剧场完成改造。世界旅游城市体验中心项目实现对外开放。举办了“京西消费节”、“首钢灯光节”、“西山八大处文化节”等精品活动。

政策服务体系逐步完善。区委区政府与市文资办联合制定出台《关于支持石景山区国家服务业综合改革试点区发展文化创意产业的意见》，培育文化创意产业发展的良好环境。创新文化金融融合服务方式，成立北京市首家文创专营银行——杭州银行北京石景山文创支行，探索建立文创企业贷款风险补偿金，为文创企业贷款提供增信支持。加快推进北京设计产业示范基地公共服务平台、北京动漫游戏公共服务平台、石景山创业基地联盟、微电影咖啡吧、创业公社等平台建设。常青藤创业园、石谷轻文化产业孵育基地获批国家级科技企业孵化器。

门头沟区文化创意产业发展情况

2014 北京国际山地徒步大会

2014 年，门头沟区文化创意产业发展呈现稳步上升态势。截至 2014 年底，规模以上文化创意产业单位 35 家，实现收入 10.46 亿元，利润总额 0.64 亿元，从业人员 2145 人，初步形成了以斋堂古村落古道文化旅游产业集聚区、文化艺术品交易功能区为核心载体，以文化休闲为主导，广播电视电影为重点，其他辅助服务业为支撑的文化创意产业体系。

启动《门头沟区文化创意产业发展规划（2015–2020 年）》编制工作，坚持生态、高端、特色发展方向，加强顶层设计，进一步明确区文化创意产业总体目标、发展思路、主要任务和保障措施，科学系统规划产业发展的空间布局，有效指导全区文化创意产业发展。

服务企业方面，区文化创意产业领导小组成员单位建立联系协调机制，定期召开协调会，加强对北京宝玉石文化博览交易中心、世熙传媒国际创意谷等具有行业引领作用的重大项目的跟踪服务，推动项目落地建设。协助文创企业解决发展难题，帮助北京世熙创意国际文化传媒有限公

▶ 8月18日至10月3日，"情定永定河"第八届中国北京永定河文化节在门头沟区举行

▶ 2014 年门头沟区文化创意产业投融资培训会

▶ 第二届北京惠民文化消费季——"文化惠民 乐享京西"2014 年门头沟区惠民文化消费月活动现场

▶ 第九届文博会门头沟展区

▶ 第八届中国北京永定河文化节"古韵太平"活动

司项目获得市文创专项资金 300 万元扶持。建立"创意门头沟"网站，开通微信服务平台，发布产业最新信息，促进文创企业交流合作。

举办第八届中国北京永定河文化节、2014 北京国际山地徒步大会、第二届北京惠民文化消费季"文化惠民 · 乐享京西"门头沟区惠民文化消费月等大型品牌活动，搭建文化企业与消费者之间的桥梁，宣传展示门头沟区生态文化资源，共吸引近 50 万人次参与。

举办第九届文博会相关活动，以"集艺术瑰宝 架艺术桥梁"为主题，以艺术品设计、加工、定制、展示、交易等产业链为主线，对 11 家企业的近千件珍贵艺术品真品进行了展示。组织文创企业参加世界广告大会、2014 年南京—北京文创产业资源对接会、深圳文博会等重大活动，全面展示文创产业发展成果。组织文化投融资培训会等各类交流活动，指导和培训文创企业，促进企业经营管理水平提升。

房山区文化创意产业发展情况

共建北京文化硅谷推介会在京举行

2014年，房山区文化创意产业持续发展，呈现出规模不断扩大，整体实力明显提升的发展态势。规模以上文化创意产业单位82家，实现收入148.2亿元，同比增长66.7%；从业人员7668人，同比增长16.8%。其中，旅游、休闲娱乐、艺术品交易和其他辅助服务等行业发展平稳，文化艺术、设计服务、广告会展等行业发展较快，成为吸纳就业的主要领域。

8月29日至31日，2014北京长阳·摩登音乐节在长阳滨河公园举行

2014年，房山区加强文创产业发展战略与规划研究，深入调研全区主要文创产业园区和

"天下第一坡"2014 全国车王邀请赛在房山区大安山国家全山地运动度假公园开幕

8 月 21 日至 24 日，第九届中国（北京）国际房车露营展览会暨第五届中国国际房车露营大会开幕

5 月 10 日，2014 春季北京国际长走大会在房山区长沟镇举行

重点文创企业，全面掌握文创企业发展情况、文创专项资金使用情况、企业发展面临的难题，为制定"十三五"时期房山区文创产业发展规划奠定了坚实基础。有序推进北京文化硅谷、云居寺文化景区等重大项目建设。积极筹办中国国际文化创意产业博览会、长阳音乐节、春季北京国际长走大会、中国（北京）国际房车露营展览会、北京圣莲山老子文化节、挑战天下第一坡越野车挑战赛等文化活动，申办第四届中国兰花大会、2018 年世界遗产大会等重大国际性展会。

通州区文化创意产业发展情况

8 月 8 日，北京奥林匹克音乐周启动仪式暨申办冬奥会音乐作品征集活动发布在通州区文化馆举行

2014 年，通州区文化创意产业持续向好发展，规模以上的文化创意产业单位数量 82 家，实现收入 114.6 亿元，实现利润近 1.5 亿元，从业人员 1.3 万人次，初步形成了以宋庄文化创意产业集聚区、北京通州文化旅游区两个功能区为核心，以北京台湖出版物会展贸易中心、九棵树数字音乐产业园区等多点支撑，以艺术品创作交易、出版发行、休闲旅游、原创音乐、影视节目制作为主导的文化创意产业发展格局。

2014 年，通州区加强文创产业发展战略与规划研究，广泛调研了全区主要文创园区和重点文创企业，全面了解全区文创产业发展现状和存在问题，为制定“十三五”时期全区文创产业发展规划奠定了坚实基础。

积极筹办第九届北京国际文博会相关活动，设计搭建了近 400 平方米的展区，搭建了重点文创园区及 20 余家文创企业产品的展示交易平台，全面展示通州区文化创意产业的发展成果。组织区文化委、相关乡镇及重点文创企业参加 2014 年深圳文博会，对外推介通州区文创企业和项目。

积极组织各乡镇、街道、园区以及重点文创企业申报市、区两级文化创新发展专项资金，召

8 月 2 日，第二届七夕文化节首办汉式集体婚礼

9 月 29 日至 10 月 5 日，2014 年中国艺术品产业博览交易会举行

开项目申报培训会，详细介绍了项目资金申报标准、要求和程序。2014 年，共有 10 个文创项目获得市级资金支持，63 个文创项目获得区级资金支持。

2014 年 8 月 8 日，北京奥林匹克音乐周启动仪式暨申冬奥音乐作品征集活动发布在通州区文化馆举行，启动仪式上发布了北京 2022 年冬奥会申办歌曲《冰雪舞动》。通州区被授牌成为“北京奥林匹克音乐周”永久会址。将与奥促会共同规划建设奥林匹克音乐文化广场、奥林匹克音乐博物馆、奥林匹克运动音乐长廊等永久性文化场所。

2014 年 9 月 29 日至 10 月 5 日，举办 2014 中国艺术品产业博览交易会。本届艺博会承办地点突破了点的限制，覆盖了整个通州区，设置了 2 大主展馆、5 个主题展馆、1 条艺术淘宝街、5 个分会场及高峰论坛和工作室开放等内容，是史上覆盖面积最广、参与面最大的一次艺术类博览会，共取得客流量 34 万人次，总成交额 24.29 亿元的骄人业绩。中国艺术品交易中心将作为艺博会永久会址进行高标准规划建设，项目总面积预计将达到 1112 亩，计划用 3 年左右的时间建成运营，届时交易额及综合收益可达 200 亿元以上。

第九届文博会通州文创产品展示区

顺义区文化创意产业发展情况

国际文化商品交易服务中心

顺义区以建设文化强区为目标，将文化创意产业作为构建现代产业体系、促进经济转型升级的重要内容，取得显著成效。2014 年，顺义区文化创意企业数量近 3000 家，从业人员 3 万余人。1–11 月，规模以上文化创意产业法人单位 114 家，资产总计 143.8 亿元，同比增长 9.2%；营业收入 90.9 亿元，同比增长 12.6%；利润总额 5.2 亿元，从业人员 1.2 万人。其中，广告会展业、印刷出版业、设计服务业、时尚文体休闲业规模以上企业 85 家，占全区文创企业总数的 70% 以上，收入占比 83%。

加快推进国家对外文化贸易基地、新国展二三期、新华联合物流中心等重大项目建设。目前，总投资过亿的在建重大文化项目共 7 个，累计投资 65.7 亿元，建设面积 84.8 万平方米。国家对外文化贸易基地与北京工美集团、英国载闻集团、瑞士自由港集团等 50 多家企业达成入驻意向，逐步形成北京艺术品交易自由港模式。积极将新国

“点亮孩子艺术梦想”雅昌艺术图书公益行动

顺义七彩蝶生态园

雅昌（北京）艺术中心大厦主体工程封顶

雅昌影像故宫旗舰店开业

展二三期项目建设列入市发展改革委 2015 年度“绿色快速通道”，即将开展招投标工作。新华联合物流中心承接商务印书馆、中华书局、三联书店、人民文学等 17 家出版社的图书物流业务，年吞吐量达 35 亿码洋。充分发挥图书物流的规模优势，发展国际进出口图书保税物流和第三方社会物流服务。“华江工美文化产业园” 项目一期建筑面积 6253 平方米已经投入使用，主要用于工艺美术产品的研发设计、展览展示、电商仓储和物流中转等。目前，正在规划设计项目二期，主要包括主办公楼、电子商务平台配套综合楼、艺术家工作室及展览展示馆，建筑面积约 23000 平方米，总投资额度约 1.5 亿元人民币。将于 2016 年底前正式施工。不断完善中北影视基地基础设施建设，拍摄“秘史系列”、《内线》等 40 余部影视作品。华谊兄弟传媒股份有限公司在天竺镇投资 20 亿建设文化创意产业园区，计划建设成集影视拍摄制作、声音录制、数字制作、动漫创作、设备租赁、集团办公、旅游观光等多种功能为一体的产业园区。

大兴区文化创意产业发展情况

▶ 5 月 30 日，第 23 届电视文艺星光奖颁奖盛典在大兴区星光影视园举行

▶ 国家新媒体产业基地

▶ 玫瑰汽车影院

文化创意产业是推动新区发展的重要组成部分，是最具发展潜力的战略性新兴产业之一，尤其是大兴区与北京经济技术开发区行政资源整合后，区委区政府高度重视，大力支持文化创意产业发展，形成了以新媒体产业为核心，以影视制作、数字出版、创意设计、电子商务为重点发展领域的“一核四重”文化创意产业体系。2014 年，新区文化创意产业规模以上企业 189 家，实现收入 661.6 亿元，利润总额 10.61 亿元，从业人员 3.9 万人。

一、重大文创产业活动

（一）2014 国际新媒体产业高峰论坛

2014 年 5 月 18 日，“2014 国际新媒体产业高峰论坛”在国家新媒体产业基地华商创意中心隆重举行。本次论坛围绕 2014 世界美食美酒图书大奖赛，以新媒体产业发展与宜居城市建设为主题，围绕新媒体产业发展，旨在推动北京宜居城市建设步伐，加速城市产业化融合。论坛吸引了来自 30 多个国家和地区的新媒体、网络、出版等领域的知名专家、学者、企业家等中外人士近 200 人出席，荟萃了各方的新视角、新理念、新观点，充分展示了大兴新区的新面貌、新变化、新发展。

（二）第 23 届“星光奖”

2014 年 5 月 30 日，由国家新闻出版广电总局主办的中国广播影视大奖·广播电视节目奖（第 23 届“星光奖”）颁奖典礼在新媒体产业基地星光影视园隆重举行，并将连续 3 届在大兴星光影视园举办。该活动的成功举办，成为新区文化创

华商创意中心

5月18日，2014国际新媒体产业高峰论坛在北京大兴国家新媒体产业基地华商创意中心举行

意产业交流的重要窗口，对大兴新区文化创意产业的发展起到了巨大的推动作用。

二、重点文创产业园区和项目

（一）北京文创基金产业园

由北京市文化置业有限公司投资建设，位于北京市大兴区国家新媒体基地北区，紧邻南五环与京开高速东侧，设计建设总面积约14万平方米，建成后将成为北京地区文化企业集聚发展的“孵化中心”，促进大兴区乃至首都文化创意产业的发展。

（二）新区电商谷

位于国家新媒体产业基地北区华商创意中心，占地面积50亩，总建筑面积5万多平方米，是集办公、孵化、金融服务、展览、展示、商务为一体的综合办公场所。目前，正在加快建设孵化服务与技术服务平台，引入跨境电子商务网络平台——小笨鸟、本来生活网等30多家电商企业，集聚电商专业人才百余名，着力打造具备研发、培训、创作、孵化、制作、交易、展示与体验和配套服务八大功能，集聚电子商务产业链的新区电子商务生态圈。

（三） 国家新媒体产业基地玫瑰汽车影院

位于国家新媒体产业基地南区，总投资约800万元。一期第一块屏幕建设完成，屏幕宽23米，高10米，为北京市最大的电影屏幕，可容纳160辆汽车同时观看。于2014年7月进行试运营，第二届北京惠民文化消费季活动期间，累计售票门票5000余张，客流量1万余人次，累计收入30余万元，收到了良好的效果。

昌平区文化创意产业发展情况

未来文化城效果图

2014 年，昌平区以推动文化强区建设为目标，以构建历史文化体验之区、创新文化发展之区和生态文化展示之区为落脚点，大力推动文化创意产业发展，取得了良好成效。截至 2014 年底，规模以上文化创意产业单位实现收入 117.7 亿元，同比增长 3.2%；利润总额 6.1 亿元，营业利润 2.8 亿元；从业人员 19964 人，同比增长 3.3%。

积极规划建设未来文化城和国家大马戏院项目，与相关部门加强联系，多次举行项目推进汇报会，适时组建运营团队，筹划项目运营模式及操作方案。加强历史文化资源开发利用，以明十三陵世界文化遗产为依托，拍摄制作大型历史题材电视连续剧《永乐大典》（暂定名），提升昌平区传统文化资源的认知度和美誉度，带动文化创意产业发展。

北京天图文化创意产业创新基地

▶ 昌平区特色文化创意产业园区——宝隆艺园

▶ 昌平区文化创意产业协会第二届会员代表大会

▶ 乐多港 360 环球荧幕效果图

昌平区文创产业协会和上苑艺术家联合会顺利完成换届选举，积极吸纳文创企业、20 个镇街和高校有关人员加入，协会规模不断壮大。组织开展文创企业政策培训，指导企业申报市区两级专项资金。以“文化昌平、魔术之都”为主题，组织第九届北京文博会相关活动，围绕“牵手文化、创意先行、文化提升实力、创意点亮生活”理念，采用“微览昌平”的技术手段，将区域主要文化创意企业进行 360 度 3D 实景展示，以电子触摸屏的形式让观众直观、真实的感受昌平文化创意产业的发展。制作播放“创意昌平”、“第二届北京国际魔术大会”、“第三届亚洲陶笛艺术交流大会”等宣传片，邀请青年魔术师现场进行奇妙玄幻的魔术表演，为昌平打造魔术之都呐喊造势。

平谷区文化创意产业发展情况

2014 平谷金海湖端午节龙舟大赛

2014 年，平谷区全面推进“一区四化五谷”建设，着力优化产业结构，着力建设文创产业园区，全力服务文创企业发展，文化创意产业发展取得积极成效。

抓产业促效益。2014 年，平谷区规模以上文化创意企业 48 家，实现收入 38.5 亿元，同比增长 54.3%。从行业分布看，平谷区文化创意企业主要分布在旅游休闲娱乐类、广告会展类、文化艺术类、软件网络及计算机服务类四大类，占总数的 73%。从行业收入看，艺术品交易业、旅游休闲娱乐业、文化艺术业三大行业企业总收入占全区文创产业总收入的 81.8%。

抓园区促升级。2014 年，中国乐谷园区注册企业 41 家，注册资金 4.4 亿元，新增注册企业 7 家，新增注册资本 2840 万元，注册资本 500 万以上企业 10 家，注册资本 1000 万以上企业 7 家。建设完善中小企业公共服务平台、乐器展览交易服务平台等 6 大平台，推动园区企业投融资服务体系建设，不断优化园区环境。目前，中国乐谷园区总体规划方案获得批复，乐谷音乐工坊、音乐创意基地两个重点地块启动土地一级开发，乐谷流行音乐季实现市场化运作。

中国乐谷北京音乐产业园区

3 月 15 日，第六届上元雅集“友谊奖”书法展在中国美术馆开幕

5 月 1 日至 3 日，2014 中国乐谷 · 北京国际流行音乐季举行

抓服务促发展。加强政策培训，服务文创企业发展。山水盛典文化产业有限公司、北京大唐辉煌传媒股份有限公司入选首都文化企业“30佳”。中国乐谷 · 北京国际流行音乐季荣获 2014 中国演出风云盛典“十大演出风云项目奖”，被活动组委会认为是目前我国质量最好，影响力最大的户外音乐节。指导、协助文创企业举办北京平谷赏石文化节、上元雅集书法展、金海湖国际龙舟大赛等精品活动。

4 月 13 日至 5 月 5 日，北京平谷第四届赏石文化节举行

怀柔区文化创意产业发展情况

国家中影数字制作基地

怀柔的影视产业起步于 1995 年落户杨宋镇的飞腾影视城（现已更名为星美今晟影视城）。2005 年底开工，2008 年 7 月底投用的国家中影数字制作基地，使怀柔区有了引领全国影视产业发展的核心资源。

2006 年 12 月，中国（怀柔）影视基地被认定为北京市首批 10 个文化创意产业集聚区之一（现已认定 4 批 30 个）。怀柔影视基地规划为核心区和拓展区，总面积为 18 平方公里。其中，核心区以中影基地为中心，向东、北方向扩展，范围为怀柔新城杨宋组团，占地 5.6 平方公里。拓展区辐射到北房、庙城等镇部分区域，作为产业发展预留空间。2014 年 5 月 4 日，国家新闻出版广电总局正式批复同意设立中国（怀柔）影视产业示范区。

怀柔影视基地的建设重点和目标是积极争取国家和北京市政策支持，建设集影视产业拍摄制作、投资策划、交易发行和旅游演艺、广告会展、衍生品开发及餐饮居住、教育培训、商贸金融等于一体的产业链条完整、关联企业集聚、综合服务齐全的影视文化新城，成为具有国际高端水平、综合实力强的国家级影视产业示范区。由国奥集团开发的怀柔新城 07、08 街区中国影都项目，将按照新城规划总体空间安排，投资建设 1 个影都服务中心（中国影都大厦）、2 条主题大道和 34 条特色文化街区。

目前，核心区已累计完成投资 55 亿元，包括投资 3.2 亿元的兴盛路、祥瑞路等四条道路工程和投资 4500 万元的 110KV 城东变电站；投用项目有中影基地、星美影视城、影人酒店、百汇

11 月 6 日，第二届怀柔国际青年微电影季正式启动

北京怀柔影人酒店

星美今晟影视城

老爷车博物馆

中国（怀柔）影视产业示范区

演艺学校、老爷车博物馆、中影洗印厂等，在建和准确建设的项目包括金第公司制片人总部基地、辉煌百代数码影城、中影基地二期工程等项目；集聚了华谊兄弟、海润影视、金英马、小马奔腾等知名影视企业400家。截至2014年底，以星美、中影为主的怀柔影视产业示范区已累计接待剧组拍摄制作影视作品 1800 余部，票房过亿元的国产大片中有近半数是在怀柔拍摄或制作，被誉为“中国影都”。

密云县文化创意产业发展情况

古北水镇一角

密云县结合本地优势资源，运用文化创意产业的思维逻辑和发展模式，积极开发创意产品，塑造创意文化，培育文化创意产业新业态，推进文化创意产业发展取得了初步效果。截至2014年底，规模以上文创企业62家，实现收入22.23亿元，同比增长16.94%，约占地区生产总值的10%。规模以上文化创意企业中，文化艺术1家、新闻出版1家、广告会展16家、设计服务3家、旅游、休闲娱乐24家、网络及计算机服务2家、其他辅助服务12家，初步形成以旅游休闲、广告会展、创意农业等为主要内容的文化创意产业体系。

研究编制《密云县“十三五”时期文化创意产业发展规划》，明确了文化创意产业发展思路，大力发展主导优势产业，填补文化创意产业链分工和布局空缺；整合利用本地存量资源，推进工

蔡家洼村玫瑰情园

首届“酒乡之路”葡萄文化艺术节

南山房车小镇露营地

渔阳三烧系列文化产品“年糕鱼”

业遗址、空置厂房升级改造，拓展文化创意产业发展空间；融入更多创新元素，促进文化创意与相关产业融合发展，加快培育新业态，提高产业发展质量和效益。

积极帮助文创企业争取北京市文化创新发展专项资金。圆满完成密云县2014年度北京市文化创新发展专项资金申报项目的初审工作，文创企业共获得扶持资金216万元，有效缓解企业资金短缺问题。

推进古北口国际旅游休闲谷文化创意产业集聚区建设，完善餐饮、住宿、娱乐服务等配套基础设施建设，与知名影视公司合作建设影视基地，以司马台长城、古庙宇群落、古御道等文化景观为背景，制作军事、古装、长城题材影视剧；以密云水库、汤泉香谷为背景，制作保水、护水和爱情题材的偶像剧。

规划建设蔡家洼项目，着力打造以“密云菜园、密云果园、密云花园”为基础，集精品农业、农产品加工、旅游休闲、文化创意于一体的综合示范区，实现生态优势向发展优势转变。

延庆县文化创意产业发展情况

八达岭长城文化产业集聚区

延庆县文化创意产业政策体系完善，发展态势强劲。2014 年，规模以上文化创意产业单位 37 家，从业人员 3327 人，总计资产 23.9 亿元，营业收入 11.3 亿元，其中，旅游休闲娱乐业收入 8.3 亿元，比重 73.6%。

以旅游休闲娱乐文化活动为依托，积极培育“休闲延庆”品牌，使其成为北京市文化旅游行业最具影响力和竞争力的文化创意品牌。其中，以长城历史文化为依托，成功举办第五届长城之声森林音乐节，打造“休闲延庆·音乐生活”高端户外音乐品牌。依托县域内较为完善的骑游设施和自然环境，成功举办国际自行车骑游大会、环北京职业公路自行车赛，不断提升“休闲延庆·骑乐无穷”文化品牌影响力。依托康西草原和延庆独特的马文化资源，成功举办第六届北京国际马球公开赛，积极培育“休闲延庆·策马康西”旅游文化品牌。

文化创意产业园区建设全面提升。以八达岭长城文化旅游产业集聚区为核心，推动建设文化和生态旅游休闲功能区，加快推动长城文化主题

▶ 世界葡萄博览园

▶ 9月16日至20日，2014北京国际马球公开赛举行

▶ 8月23日，长城森林艺术节在北京延庆水关长城探戈坞音乐谷盛大揭幕

公园、长城之声艺术园区、长城文化艺术中心、北京国际马球中心等重大项目落地建设。其中，长城之声文化艺术园区内森林大剧院建设完工，北京妫河建筑创意区接待中心投入使用。成功举办2014年世界葡萄大会，加快建设世界葡萄博览园，集葡萄品种展示、科普教育、生产体验、休闲采摘等综合性功能于一体，推动形成葡萄酒产业带。依托八达岭、龙庆峡、古崖居、千家店镇百里山水画廊等旅游文化资源，加快推进全周影院升级改造暨中国长城影艺体验中心、八达岭长城景区驻场演出、长城之声森林音乐节、国际马球公开赛、百里山水画廊——滴水壶山水光影等重大项目建设，逐步形成以八达岭长城文化旅游产业集聚区为辐射带动的产业发展格局。

2014
年鉴

第七部分

大事记

1月大事记

1月2日，市文资办召开首届“首都文化企业30强、首都文化企业30佳”评委会工作会议，市文资办党委副书记赵磊、副主任刘绍坚出席并审议相关事项。

1月6日，市文资办党委副书记赵磊出席汉唐艺术品交易所揭牌仪式。

1月6日，市文资办党委副书记赵磊出席天创文投工作汇报会。

1月14日，市文资办召开2013年工作务虚会，市文资办领导班子全体成员出席会议。

1月16日，市文资办主任周茂非出席市人代会第一次全体会议开幕式。

1月17日，市文资办主任周茂非出席市政协全会第二次全体会议。

1月17日，市文资办副主任刘绍坚、副主任龙晓雯出席市政协全会联组讨论会。

1月19日，市文资办副主任龙晓雯出席市政协全会第三次全体会议大会闭幕式。

1月20日—22日，市文资办主任周茂非出席党的群众路线教育实践活动总结部署会。

1月21日，市文资办副主任刘绍坚赴中关村管委会调研。

1月23日，市文资办党委副书记赵磊出席北京市行政事业单位内部控制规范试点工作总结交流会。

1月24日，市文资办召开2013年度工作总结会，市文资办领导班子全体成员出席会议。

1月26日，市文资办主任周茂非出席中共北京市第十一届纪律检查委员会第三次全体会议暨全市党风廉政建设和反腐败工作会议。

1月27日，市文资办党委副书记赵磊出席2014年北京市发展改革和财政工作会议。

2月大事记

2月7日，由市文资办、市台办、东城区政府共同指导举办的“北京地坛文化庙会·台北之旅”在台北花博公园争艳馆开幕，市文资办主任周茂非、党委副书记赵磊出席开幕式。

2月16日，市文资办入驻“新华1949”园区新址办公。

2月17日，市文资办召开广德楼产权问

题工作协调会，市文资办副主任龙晓雯出席会议。

2月20日，市文资办与市审计局联合召开审前座谈会，市文资办党委副书记赵磊出席会议。

2月24日，市文资办主任周茂非出席北京市审计工作电视电话会议。

2月24日，市文资办举办北京市文化创意产业高级人才研修班（第二期），各区（县）主管文化产业的负责人、国有文化企业高管、优秀民营企业家等60余人参加培训。

2月25日，北京出版集团与德国梅尔杜蒙（MAIŘDUMONT）公司共同投资组建的京版梅尔杜蒙（北京）文化传媒有限公司在京举办成立揭牌仪式，市文资办主任周茂非出席并致辞。

2月25日，市文资办召开中国电子未来科技城项目合作部署会，市文资办党委副书记赵磊主持会议。

2月26日，市文资办召开非公文创领域党建工作交流座谈会，市文资办党委副书记赵磊出席会议。

2月26日，“2014文化创意产业领军人才研讨会”在首都大酒店举行，文化部文化市场司副司长庹祖海、文化产业司副巡视员施俊玲，中国人民银行营业管理部副主任姜再勇，市文资办主任周茂非、党委副书记赵磊出席会议。

2月26日，市文资办副主任刘绍坚赴北京华韵尚德国际文化传播有限公司调研。

2月27日，市文资办主任周茂非出席2014年亚太经济合作组织筹备工作领导小组会议。

2月28日，市文资办主任周茂非赴北广传媒集团调研。

2月28日，市文资办主任周茂非赴北京市一清环卫工程集团有限责任公司调研。

2月28日，市文资办副主任刘绍坚出席北京税收法制建设研究会第一届第一次会员代表大会。

3月大事记

3月1日，市文资办主任周茂非出席市委第十一届五次全会。

3月6日，市委常委、市委宣传部长李伟到市文资办调研，并与市文资办领导班子进行座谈，市文资办主任周茂非出席会议。

3月7日，市文资办副主任刘绍坚出席北京市文化产业固定资产投资部署及项目库建设培训会议。

3月10日，市文资办副主任刘绍坚出席歌华文化保税区座谈会。

3月10日，市文资办党委副书记赵磊出席市经济责任审计工作会。

3月11日，市文资办副主任刘绍坚出席北京市档案工作会议。

3月12日，市文资办召开挂职干部务虚会，市文资办党委副书记赵磊出席会议。

3月12日，市文资办对2013年干部选拔任用工作进行“一报告两评议”，市文资办领导班子全体成员出席会议。

3月12日，市文资办主任周茂非、党委副书记赵磊出席市文资办2013年和2014年度企业领导人业绩考核工作部署会。

3月13日，市文资办党委副书记赵磊出席文创国际审计工作部署会。

3月14日，市文资办副主任龙晓雯陪同北京双高人才发展中心领导一行参观展示中心。

3月14日，市文资办党委副书记赵磊出席北京市第三次全国经济普查领导小组（扩大）会议。

3月14日，市文资办领导班子全体成员出席市委市政府理论学习中心组学习（扩大）会议。

3月17日，市文资办党委副书记赵磊到央广视讯传媒股份有限公司调研。

3月18日，市文资办与中国人民银行营业管理部联合召开文化金融合作工作座谈会，市文资办党委副书记赵磊出席会议。

3月18日，市文资办党委副书记赵磊出席首都文化企业“30强”评选工作会。

3月19日，市文资办副主任龙晓雯出席中关村创新文化发展促进会指导委员会第一次会议。

3月19日，市文资办党委副书记赵磊出席文投集团、广告传媒集团审计工作部署会。

3月20日，市文资办党委副书记赵磊陪同市委常委、市委宣传部部长李伟赴北京国家数字出版基地（丰台区）调研。

3月21日，市文资办召开中国电子未来科技城二期项目工作会议，市文资办副主任龙晓雯出席会议。

3月25日，市文资办副主任龙晓雯出席市科学技术奖励大会暨2014年市科技工作大会。

3月25日，市文资办副主任龙晓雯赴中国电子未来科技城二期项目调研。

3月27日—28日，市文资办党委副书记赵磊出席文化创意产业规划征求意见座谈会。

3月30日，市文资办党委副书记赵磊出席北京市文创产业人才培养基地专家评审工作会。

3月31日，市文资办党委副书记赵磊出席文资办监管单位绩效管理暨监事工作综合培训班开班典礼。

3月31日，市文资办副主任刘绍坚出席深入贯彻落实中央八项规定精神和市委实施意见情况交流会。

4月大事记

4月1日，市文资办副主任刘绍坚赴中国印刷集团调研。

4月1日，市文资办召开关于研究国有文化企业改革有关工作会议，市文资办副主任龙晓雯出席会议。

4月1日，市文资办副主任刘绍坚出席京演集团五周年演出季新闻发布会。

4月1日，市文资办召开“三要三不要”主题教育活动部署会，市文资办党委副书记赵磊、副主任龙晓雯出席会议。

4月2日，市文资办副主任龙晓雯出席非公文创企业党组织负责人培训班(第三期)。

4月2日，市文资办召开文化产权交易所工作有关事宜会议，市文资办党委副书记赵磊出席会议。

4月3日，市文资办副主任龙晓雯出席市文资办监管单位绩效管理暨监事工作综合培训班结业仪式。

4月4日，市文资办与北京市建筑装饰协会联合召开交流座谈会，市文资办主任周茂非出席会议。

4月8日，市文资办与西城区人民政府联合召开党的群众路线教育实践活动征求意见座谈会，市文资办领导班子全体成员出席会议。

4月9日，市文资办副主任龙晓雯赴北京出版集团调研。

4月11日，市文资办主任周茂非出席非公文创企业党组织负责人培训班（第四期）。

4月14日，市文资办党委副书记赵磊赴中国恒天集团调研。

4月17日，市文资办党委副书记赵磊、副主任刘绍坚、副主任龙晓雯陪同市政协主席吉林、副主席陈平、秘书长周毓秋等一行参观展示中心并座谈。

4月17日，市文资办主任周茂非出席江苏省宣传系统来京考察座谈会。

4月17日，市文资办召开2013年信息化工程项目验收会议，市文资办副主任刘绍坚出席会议。

4月18日，市文资办党委副书记赵磊、副主任刘绍坚、副主任龙晓雯与原北京市委组织部常务副部长史绍洁、原国家新闻出版总署机关事务局局长顾永高、原市社保局教育培训处处长张铁柱等在展示中心进行座谈，随后参观展示中心。

4月18日，市文资办党委副书记赵磊出席北京市文创产业人才培养基地踏勘情况工作会。

4月22日，市文资办副主任龙晓雯赴北京发行集团调研。

4月22日，市文资办主任周茂非出席第39次市政府常务会，作关于文化创意产业规划工作情况说明。会议研究并原则同意市文资办起草的《北京市文化创意产业功能区建设发展规划（2014 年—2020 年）》和《北京市文化创意产业提升规划（2014 年—2020 年）》，并根据会议意见修改完善后，以市政府名义印发实施。

4 月 22 日，市文资办副主任龙晓雯出席中国国际演出剧院联盟与英国剧目合作仪式。

4 月 23 日，市文资办副主任刘绍坚出席北京市机构编制工作电视电话会。

4 月 24 日—26 日，市文资办党委副书记赵磊出席北京市工会第十三次代表大会。

4 月 24 日，市文资办副主任龙晓雯出席中国投资协会股权与创业投资专业委员会座谈会。

4 月 25 日，市文资办副主任刘绍坚接受新华社记者采访。

4 月 25 日，市文资办副主任刘绍坚出席第四届北京国际经济贸易学会会员大会暨理事会第一次会议。

4 月 29 日，市文资办副主任刘绍坚出席商标战略实施推进工作合作协议签字仪式。

4 月 29 日，市文资办副主任龙晓雯出席发行业企业、专家座谈会。

4 月 29 日，市文资办党委副书记赵磊陪同市委常委、宣传部部长李伟赴通州区调研。

5 月大事记

5 月 4 日，市文资办主任周茂非、党委副书记赵磊与怀柔区委宣传部部长胡东一行会谈并陪同其参观展示中心。

5 月 4 日，市文资办党委副书记赵磊、副主任龙晓雯出席人行营业管理部与市文资办文化金融战略合作协议签约仪式。

5 月 5 日—6 月 27 日，市文资办党委副书记赵磊参加第 81 期区（县）局级领导干部进修班培训。

5 月 5 日，市文资办副主任龙晓雯赴北京演艺集团调研。

5 月 5 日，市文资办副主任龙晓雯赴北京市电影股份有限公司调研。

5 月 5 日，市文资办副主任刘绍坚出席“沪江网”来市文资办调研座谈会。

5 月 6 日，市文资办召开审计工作会，市文资办主任周茂非、党委副书记赵磊出席会议。

5 月 7 日，市委召开歌华文化保税区工作汇报会，市文资办主任周茂非、副主任刘绍坚出席。

5 月 7 日，市文资办副主任龙晓雯出席第十七届科博会、第三届京交会内宾接待工作协调会。

5月7日，市文资办召开经济责任审计进点会，市文资办领导班子全体成员出席会议。

5月8日，市文资办领导班子全体成员出席市文资办与人行营业管理部签约仪式。

5月8日，市文资办副主任刘绍坚出席全市侨务工作会议暨首届“京华奖”颁奖大会。

5月8日，市文资办主任周茂非赴北京印刷学院调研。

5月8日，市文资办召开科技金融头脑风暴会，市文资办党委副书记赵磊出席。

5月9日，市文资办副主任龙晓雯出席清华大学培训班结业式。

5月9日，市文资办与东方灵盾公司座谈，市文资办党委副书记赵磊出席。

5月13日—17日，市文资办党委副书记赵磊带队赴深圳参加深圳文博会。

5月14日—18日，市文资办在第十七届科博会主展场举办首都文化科技融合成果展，获得科博会“优秀组织奖”和“最佳展示奖”。

5月14日，市文资办主任周茂非出席三匚创意产业创新模式暨创意产业生态系统模式座谈会。

5月15日，市文资办与光大银行签署战略合作框架签约仪式，市文资办主任周茂非、党委副书记赵磊、副主任刘绍坚、副主任龙晓雯出席会议。

5月20日，市文资办与北京大学歌舞剧院联合召开座谈会，市文资办主任周茂非出席会议。

5月27日，市文资办主任周茂非出席推进中国（怀柔）影视产业示范区建设协调会。

5月27日，市文资办与中国电子科技开发有限公司签订战略合作框架协议。

5月27日，市文资办副主任刘绍坚赴朝阳区调研。

5月27日，市文资办主任周茂非出席市人大常委会主任专题会。

5月28日，市文资办主任周茂非出席“城南绿海·生活大兴——第二十六届北京大兴西瓜节”开幕式。

5月28日，市文资办召开北京市宣传文化系统企业资产清查审计项目事务所评选会，市文资办副主任刘绍坚出席会议。

5月29日，市文资办举办“北京市文化创意产业人才培养基地”授牌仪式，市文资办领导班子全体成员出席活动。

5月29日，市文资办召开国有重点文化企业改革发展调研协调会，市文资办主任周茂非、副主任刘绍坚出席会议。

5月29日，市文资办召开《北京市关于推进文化创意和设计服务与相关产业融合发展的行动计划（2014—2020年）》编制座谈会，市文资办副主任刘绍坚出席会议。

5月30日，市文资办副主任刘绍坚出席集团组建五周年总结大会暨进一步深化文化体制改革研讨会。

6月大事记

6月1日，市文资办主任周茂非出席“第三届京交会北京主题日”活动，发布《北京市文化创意产业功能区建设发展规划（2014—2020年）》、《北京市文化创意产业提升规划（2014—2020年）》。

6月5日，市文资办主任周茂非赴北京电视台调研。

6月6日，市文资办主任周茂非赴北广传媒调研。

6月6日，市文资办副主任刘绍坚赴中国评剧院调研。

6月6日，市文资办副主任刘绍坚赴北京市曲剧团调研。

6月9日，市文资办副主任龙晓雯陪同朝阳规划艺术馆馆长杨军一行参观展示中心。

6月9日，市文资办副主任龙晓雯出席稳增长促改革调结构惠民生政策措施落实情况督查动员电视电话会议。

6月10日，市文资办副主任刘绍坚赴北京儿艺调研。

6月10日，市文资办副主任刘绍坚赴中杂公司调研。

6月11日，市文资办副主任刘绍坚赴北歌公司调研。

6月11日，市文资办召开挂职干部座谈会，市文资办党委副书记赵磊出席会议。

6月12日，市文资办主任周茂非、党委副书记赵磊接待市委组织部一行来市文资办调研。

6月13日，市文资办主任周茂非接待市纪委一行到市文资办座谈交流。

6月16日，市文资办主任周茂非赴大兴区调研。

6月17日，市文资办副主任龙晓雯赴京广传媒调研。

6月18日，市文资办主任周茂非、党委副书记赵磊赴顺义区调研。

6月19日，市文资办召开文化经济政策平台专题汇报会，市文资办主任周茂非、副主任龙晓雯出席会议。

6月20日，市文资办主任周茂非赴丰台区调研。

6月20日，市文资办召开租赁公司创投大会，市文资办党委副书记赵磊出席活动。

6月23日，市文资办副主任龙晓雯赴丰台区调研。

6月24日，市文资办召开文创国际集团有关工作座谈会，市文资办主任周茂非出席会议。

6月25日，市文资办主任周茂非陪同市委常委、宣传部部长李伟到东城区调研。

6月25日，市文资办党委副书记赵磊出席央广视讯股份公司创立大会暨股东会会议。

6月25日，市文资办副主任龙晓雯到中

关村创业大街调研。

6月26日，市文资办主任周茂非出席北京市经济责任审计工作领导小组第二次会议。

6月26日，市文资办党委副书记赵磊陪同中粮集团副总裁、中粮信托董事长郧小蕙一行参观展示中心。

7月大事记

7月3日，市文资办主任周茂非出席国务院稳增长促改革调结构惠民生政策措施专家经济组座谈会。

7月7日，市文资办与中信银行联合召开战略合作交流会，市文资办党委副书记赵磊出席会议。

7月7日，市文资办主任周茂非、党委副书记赵磊赴中央文资办汇报文化产权交易中心申报工作情况。

7月9日，市文资办主任周茂非、党委副书记赵磊陪同北京市住建委主任杨斌一行参观展示中心。

7月10日，市文资办与市委组织部联合举办北京文创领域经营管理人员培训班，市文资办主任周茂非出席开班仪式。

7月11日，市文资办党委副书记赵磊出席北京市文化创新发展专项资金整改工作会。

7月15日，市文资办主任周茂非赴北大歌剧研究院调研。

7月16日，市文资办主任周茂非出席研究落实《中央第二巡视组关于对北京市巡视情况的反馈意见》涉及政府部门有关整改工作会议。

7月17日，市文资办召开2014年上半年工作总结会，市文资办领导班子全体成员出席会议。

7月21日，市文资办主任周茂非出席市政府关于研究国家体育馆移交有关问题专题会。

7月21日，市文资办党委副书记赵磊出席市人大常委会预算工委关于召开一次工作启动会。

7月22日，市文资办召开资产清查总结报告会，市文资办副主任刘绍坚出席会议。

7月23日，市文资办党委副书记赵磊陪同云南省文投集团董事长陶国相一行参观展示中心并座谈交流。

7月24日，市文资办主任周茂非出席2014年亚太经济合作组织会议北京市筹备工作领导小组第三次全体会议。

7月25日，市文资办主任周茂非出席北京市2014年上半年经济形势分析会。

7月25日，市文资办党委副书记赵磊出席文投集团2014财务总结会。

7月27日，市文资办党委副书记赵磊陪同国务院副秘书长丁向阳一行参观展示中心。

7月28日，市文资办主任周茂非出席全国经济责任审计工作电视电话会议。

7月28日，市文资办主任周茂非陪同市委常委、市委宣传部部长李伟到歌华文化有限公司听取关于天竺文化保税区相关工作情况。

7月28日，市文资办召开国家体育馆资料移交事宜专题会，市文资办副主任龙晓雯出席会议。

7月28日，市文资办党委副书记赵磊出席文投集团上半年财务工作总结会议。

7月29日，市文资办主任周茂非、党委副书记赵磊、副主任龙晓雯接待市政协八一建军节军队委员一行来市文资办参观座谈。

7月31日，市文资办召开“八一”市文资办军转干部座谈会，市文资办主任周茂非、党委副书记赵磊、副主任龙晓雯出席会议。

7月31日，市文资办召开北京市派出干部与来京挂职干部集体调研座谈会，市文资办党委副书记赵磊出席。

8月大事记

8月5日，市文资办召开关于北广传媒集团调研情况的专题会，市文资办主任周茂非、党委副书记赵磊、副主任刘绍坚出席。

8月5日，市文资办召开第二届北京惠民文化消费季筹备会，市文资办党委副书记赵磊、副主任刘绍坚、副主任龙晓雯出席会议。

8月6日，市文资办主任周茂非陪同市委常委、市委宣传部部长李伟，市委宣传部副部长张森到国家体育馆调研。

8月7日，市文资办主任周茂非陪同市委常委、市委宣传部部长李伟到国家对外文化贸易基地调研。

8月8日，市文资办召开北京文化艺术品交易所筹备工作协调会，市文资办主任周茂非、党委副书记赵磊出席会议。

8月8日，市文资办召开第二届北京惠民文化消费季启动仪式筹备会，市文资办副主任刘绍坚、副主任龙晓雯出席会议。

8月11日，市文资办召开北京惠民文化消费季碰头会，市文资办副主任龙晓雯出席。

8月11日，市文资办主任周茂非接待新华社广东分社副社长赵东辉一行，并介绍北京文化创意产业发展情况及投融资体系建设，相关处室负责人出席了座谈。

8月11日—20日，市文资办副主任刘绍坚赴德国出席科隆国际游戏展。

8月12日，市政府办公厅组织召开第二届北京惠民文化消费季工作协调电视电话会议，市文资办主任周茂非、副主任龙晓雯出席会议。

8月13日，市文资办召开市文资办党委理论学习中心组学习（扩大）会议，市文资办主任周茂非、党委副书记赵磊、副主任龙晓雯出席会议。

8月14日，市文资办召开文化经济政策服务平台工作座谈会，市文资办主任周茂非、副主任龙晓雯出席会议。

8月15日，市文资办召开第二届北京惠民文化消费季新闻发布筹备会，市文资办副主任龙晓雯出席会议。

8月15日，市文资办党委副书记赵磊出席文投集团、怀柔区文促中心、美国狮门娱乐集团合作洽谈会。

8月18日，市文资办副主任龙晓雯出席北京惠民文化消费季工作协调会。

8月18日，市文资办主任周茂非、党委副书记赵磊出席文化发展资金（产业）公告发布协调会。

8月19日，第二届北京惠民文化消费季新闻发布会在市政府新闻发布厅举行。市文资办副主任龙晓雯出席活动并介绍总体情况。

8月19日，市文资办召开第二届北京惠民文化消费季区（县）专题对接会议，市文资办副主任龙晓雯等领导出席会议。

8月20日，“第二届北京惠民文化消费季启动仪式暨2014文化创意产业（北京）研讨会”在北京文化创意产业展示中心举行。文化部党组成员、部长助理刘玉珠，北京市副市长杨晓超，中央文资办副主任张希慧，市文资办副主任龙晓雯出席活动并致辞。

8月21日，市文资办副主任刘绍坚出席北京市“十三五”规划编制部署电视电话会。

8月21日，市文资办主任周茂非出席第52次市政府常务会议，作《关于报请发布〈文化部北京市人民政府关于加快国家对外文化贸易基地（北京）建设发展的意见〉的请示》。

8月22日，市文资办主任周茂非出席北京市新首钢高端产业综合服务区发展建设领导小组第二次会议。

8月22日，市文资办召开审计报告工作协调会，市文资办主任周茂非、党委副书记赵磊出席。

8月23日，“第二届北京惠民文化消费大礼包发放仪式暨第三季度文惠卡季方抽奖活动”在北京金逸影城大悦城店举行。市文资办副主任刘绍坚出席活动。

8月25日，《文化部北京市人民政府关于加快国家对外文化贸易基地（北京）建设发展的意见》发布。市文资办主任周茂非出席国家对外文化贸易基地（北京）开园仪式，对《意见》内容作专题解读。

8月25日，市文资办副主任龙晓雯陪同大兴区委宣传部部长姜泽廷一行参观展示中心。

8月27日，市文资办党委副书记赵磊出席市审计局文创资金审计报告协调会（第一次）。

8月28日，市文资办党委副书记赵磊陪同北京工业大学党委书记郑吉春、校长郭广生一行参观展示中心。

9月大事记

9月1日，市文资办主任周茂非、党委副书记赵磊、副主任刘绍坚出席北京市文化科技融资租赁股份有限公司开业仪式。

9月1日，市文资办副主任刘绍坚出席全国公务车制度改革电视电话会。

9月2日，市文资办党委副书记赵磊出席中国电影创投季项目洽谈会。

9月2日，市文资办党委副书记赵磊陪同华夏银行一行参观展示中心。

9月3日，市文资办召开培育首都骨干文化企业工作协调会，市文资办副主任刘绍坚出席会议。

9月4日，市文资办副主任刘绍坚接待美国华盛顿市市长来访。

9月5日，市文资办在北京文化创意产业展示中心召开培育首都骨干文化企业座谈会，中宣部改革办副主任朱涛、中央文资办主任王家新、市委宣传部副部长张淼，市文资办领导班子全体成员出席活动并为入选企业颁牌。

9月5日，市文资办副主任刘绍坚出席2014年重大引导任务网评工作表彰暨业务培训会。

9月11日，市文资办副主任刘绍坚陪同市委改革办一行参观展示中心。

9月11日，市文资办副主任龙晓雯出席文化传媒产业并购重组系列研讨班。

9月15日，市文资办党委副书记赵磊出席市审计局文创资金审计报告协调会（第二次）。

9月15日，市文资办主任周茂非、党委副书记赵磊出席北京市文化创新发展专项资金申报项目评审工作部署会。

9月15日，市文资办与中美战略投资集团联合召开座谈会，市文资办主任周茂非、党委副书记赵磊出席会议。

9月16日，市文资办副主任刘绍坚出席在京重要信息系统单位国庆65周年及APEC会议专项保卫工作部署会。

9月17日，市文资办党委副书记赵磊出席文投集团中国电影创投季规划方案汇报会。

9月18日，市文资办副主任龙晓雯出席北京文化经济政策平台工作协调会。

9月18日，市文资办主任周茂非出席2014北京国际设计周组委会工作会议。

9月18日，市文资办副主任龙晓雯赴北京股权交易中心调研。

9月22日，市文资办副主任刘绍陪同中宣部新闻局一行参观展示中心。

9月23日，市文资办副主任刘绍坚赴东城区调研北京惠民文化消费季开展情况。

9月23日，市文资办主任周茂非出席北京市政府督查工作暨贯彻中发七号文件精神动员部署电视电话会议。

9月23日，市文资办副主任刘绍坚出席北京市政府督查工作暨贯彻中发七号文件精神动员部署电视电话会议。

9月23日，市文资办党委副书记赵磊陪同北京银行行长张东宋一行参观展示中心。

9月23日，市文资办党委副书记赵磊赴北京文化产业小贷公司调研。

9月25日，市文资办副主任龙晓雯出席文化经济政策平台工作协调会。

9月25日，市文资办副主任刘绍坚出席2014北京国际设计周大栅栏新街景开幕式。

9月26日，市文资办副主任刘绍坚接受新华社采访。

9月26日，市文资办主任周茂非、党委副书记赵磊出席国家高研班毕业典礼。

9月26日，市文资办主任周茂非出席2014北京国际设计周开幕式。

9月27日，市文资办主任周茂非出席2014北京国际设计周主宾城市开幕式。

9月30日，市文资办副主任刘绍坚陪同市政协港澳台侨委员会主任马玉平等一行参观展示中心。

10月大事记

10月8日，市文资办主任周茂非出席北京市做好2014年亚太经合组织领导人非正式会议筹备工作动员大会。

10月8日，市文资办党委副书记赵磊接待故宫博物院一行来市文资办考察学习。

10月9日，市文资办副主任刘绍坚陪同北京市档案局党委副书记、副局长徐玉伟一行参观展示中心。

10月10日，市文资办党委副书记赵磊出席北京市文化创新发展专项资金申报项目评审专家抽选工作会。

10月10日，市文资办副主任龙晓雯陪同市国资委领导参观展示中心。

10月11日，市文资办主任周茂非出席北京市培育和践行社会主义核心价值观工作经验交流会。

10月13日，市文资办举办北京市国有文化企业重组上市培训班，市文资办主任周茂非、副主任龙晓雯出席并作开班动员。

10月15日，市文资办主任周茂非、党委副书记赵磊出席北京市文化创新发展专项资金申报项目评审专家动员会。

10月16日，市文资办副主任刘绍坚出席审计署兰州特派办来市文资办调研座谈会。

10月17日，市文资办主任周茂非、党委副书记赵磊会见香港经纬集团董事局主席陈经纬、建设银行国际蓝海基金CEO张建文、北京虚苑文化艺术发展有限公司主席姜兴道一行并陪同参观展示中心。

10月21日，市文资办党委副书记赵磊接待美国华盛顿市政府艺术人文委员会代表来市文资办考察学习。

10月22日，市文资办主任周茂非、党委副书记赵磊出席北京市文化创新发展资金项目初评汇报会。

10月22日，市文资办党委副书记赵磊出席市文资办干部到文投集团挂职锻炼动员部署会。

10月22日，市文资办副主任龙晓雯出席文化经济政策平台线上工作推进会。

10月23日，市文资办副主任刘绍坚出席国资预算工作布置会。

10月24日，市文资办主任周茂非、党委副书记赵磊赴福丽特邮币市场调研。

10月24日，市文资办副主任刘绍坚出席市政府办公厅与审计署兰州特派办第二次交换意见会议。

10月27日，市文资办党委副书记赵磊出席文化金融合作实验区协调会。

10月27日，市文资办副主任龙晓雯出席“十三五”规划编制工作会。

10月27日，市文资办党委副书记赵磊出席怀柔平台公司注册暨两个重大经营项目落地沟通协调会。

10月27日，市文资办党委副书记赵磊陪同市燃气集团有限责任公司董事长李雅兰一行参观展示中心并进行座谈。

10月30日，市文资办党委副书记赵磊参加第三届金融街论坛活动。

10月31日，市文资办党委副书记赵磊赴故宫博物院调研。

10月31日，市文资办主任周茂非、党委副书记赵磊、副主任龙晓雯出席市委市政府理论学习中心组学习（扩大）会议。

10月31日，市文资办副主任刘绍坚出席文投集团与美国狮门娱乐集团合作洽谈会。

11月大事记

11月2日，市文资办主任周茂非赴北京二商集团有限责任公司调研。

11月2日，市文资办主任周茂非、副主任龙晓雯出席2014年北京市文化创新发展专项资金（产业类）项目联合评审动员培训会议。

11月3日，市文资办主任周茂非陪同市委常委、市委宣传部部长李伟赴京广传媒调研。

11月4日，市文资办主任周茂非、副主任龙晓雯出席汉唐艺术品交易所重组引入新股东工作会。

11月4日，市文资办副主任龙晓雯出席中投视讯股权转让工作会。

11 月 4 日，市文资办副主任刘绍坚出席审计署京津冀特派办财政存量资金审计工作部署会。

11 月 5 日，市文资办副主任龙晓雯出席 2014 年北京市文化创新发展专项资金（产业类）项目评审现场踏勘工作准备会议。

11 月 5 日，市文资办主任周茂非出席北京市文化创意产业资本运作高级研修班结业式并讲话。

11 月 14 日，市文资办主任周茂非出席 2014 年 APEC 会议北京市筹备工作总结会。

11 月 18 日，市文资办主任周茂非出席北京国际广告传媒集团与中国电信北京公司战略合作协议签约仪式。

11 月 18 日，市文资办党委副书记赵磊出席京版北教文化传媒股份有限公司“新三板”挂牌仪式。

11 月 18 日，市文资办主任周茂非陪同通州区区长岳鹏等一行参观展示中心。

11 月 19 日，市文资办召开第二届北京惠民文化消费季座谈会，市文资办副主任刘绍坚出席会议并与专家学者、企业代表、新闻媒体记者进行交流。

11 月 19 日，市文资办党委副书记赵磊出席文投集团影视基地投资公司筹备工作组第三次会议。

11 月 19 日，市文资办党委副书记赵磊出席市宣传思想文化系统党风廉政建设和反腐败工作座谈会。

11 月 20 日，市文资办副主任龙晓雯出席市属国有文化企业产权登记及资产评估制度专家论证会。

11 月 25 日，市文资办党委副书记赵磊出席文投集团与澳门文交所、北京盛世九鼎有限公司合作交流会。

11 月 25 日，市文资办副主任刘绍坚出席北京市民族工作会议筹备工作领导小组第一次会议。

11 月 25 日，“第十八届京港洽谈会·京港文化创意产业研讨会”在北京饭店举行。市文资办副主任刘绍坚出席会议并介绍北京市文化创意产业发展情况。

11 月 25 日，市文资办副主任龙晓雯出席第十八届北京·香港经济合作研讨洽谈会。

11 月 25 日，市文资办副主任龙晓雯出席京港两地企业家交流圆桌会议。

11 月 25 日，市文资办召开监事会制度专家论证会，市文资办副主任龙晓雯出席会议。

11 月 26 日，市文资办副主任刘绍坚与第十八届北京·香港经济合作研讨会香港企业家一行座谈交流。

11 月 27 日，市文资办主任周茂非、党委副书记赵磊出席市十四届人大常委会第十五次会议。

11 月 27 日，市文资办副主任刘绍坚接待前海试验区来访。

11 月 27 日，市文资办党委副书记赵磊、副主任刘绍坚出席市十四届人大常委会第十五次会议分组讨论会。

12月大事记

12月1日，市文资办主任周茂非、党委副书记赵磊出席文投集团与浦发银行结构化融资合作工作会。

12月1日，市文资办与市统计局联合召开文化创意产业统计数据工作座谈会。市文资办副主任刘绍坚出席会议。

12月2日，市文资办党委副书记赵磊出席北京文化创意产业发展服务有限公司筹备组成立大会。

12月2日，市文资办副主任刘绍坚出席第六届投资北京洽谈会筹备工作会。

12月2日，市文资办副主任龙晓雯出席市属国有文化企业产权登记及资产评估制度研讨会。

12月3日，“第二届北京惠民文化消费季总结会”在北京文化创意产业展示中心举行，市委常委、宣传部部长李伟，中宣部改革办副主任朱涛，文化部文化产业司巡视员孙若风，中央文资办副主任张希慧，北京市政府秘书长、市政府办公厅党组书记、主任李伟，市文资办主任周茂非，副主任刘绍坚，副主任龙晓雯，市人大、市政协、各主办单位、联合主办单位和十六区（县）有关领导，活动执行机构负责人共计100余人出席活动。

12月3日，市文资办副主任刘绍坚为拉萨市党政干部培训班学员讲课。

12月3日，市文资办主任周茂非、党委副书记赵磊赴中国歌剧舞剧院调研。

12月4日，市文资办党委副书记赵磊、副主任刘绍坚、副主任龙晓雯出席市委市政府理论学习中心组学习(扩大)电视电话会议。

12月4日，市文资办主任周茂非出席北京市文化创新发展专项资金支持文艺院团发展有关工作会议。

12月5日，市文资办副主任刘绍坚出席第九届文博会组委会会议。

12月9日，市文资办副主任刘绍坚出席第六届投资北京洽谈会。

12月9日，市文资办主任周茂非出席北京演艺集团与宋城演艺股份发展有限公司战略合作协议签约仪式暨新闻发布会。

12月10日，市文资办与北京银行签订战略合作协议。市文资办领导班子全体成员出席。

12月10日，市文资办副主任刘绍坚出席市政府质量管理管理奖评审委员会第一次会议。

12月11日，市文资办主任周茂非、党委副书记赵磊、副主任刘绍坚出席国家对外文化贸易基地工作座谈会。

12月11日，市文资办副主任龙晓雯出席第九届中国北京国际文化创意产业博览会主题报告会。

12月11日，市文资办副主任刘绍坚出

席国家对外贸易基地企业聚集中心股权转让工作座谈会。

12 月 11 日，市文资办副主任龙晓雯出席文化经济政策平台工作协调会。

12 月 12 日，市文资办副主任龙晓雯主席第九届中国北京国际文化创意产业博览会——科技与文化融合产业项目合作推介会。

12 月 12 日，市文资办副主任龙晓雯出席 2014 中国设计红星奖颁奖活动。

12 月 12 日，市文资办副主任刘绍坚出席第九届文博会国际文化艺术产业创新投融资推介会。

12 月 12 日，市文资办副主任龙晓雯出席第九届中国北京国际文化创意产业博览会中欧文化与贸易论坛。

12 月 12 日，市文资办主任周茂非、党委副书记赵磊出席市文资办与交通银行股份有限公司全面战略合作协议签约仪式。

12 月 12 日，市文资办党委副书记赵磊出席文投集团与澳门文交中心战略合作协议签约仪式。

12 月 15 日，市文资办副主任刘绍坚出席国家文化产业创新实验区揭牌暨建设发展研讨会。

12 月 16 日—22 日，市文资办主任周茂非随团赴台出席“第十七届京台科技论坛”。

12 月 19 日，市文资办副主任刘绍坚出席全国机关事业单位“吃空饷”问题治理工作电视电话会议。

12 月 19 日，市文资办副主任刘绍坚陪同北京市银监局一行参观展示中心。

12 月 22 日，市文资办党委副书记赵磊陪同市国土局一行参观展示中心并座谈交流。

12 月 22 日，市文资办副主任龙晓雯出席文化经济政策平台工作协调会。

12 月 23 日，市文资办副主任龙晓雯出席中国电视院线峰会。

图书在版编目（CIP）数据

北京市国有文化资产监督管理年鉴 . 2014 / 北京市国有文化资产监督管理办公室编著 .
-- 北京 : 北京时代华文书局 , 2015.9
ISBN 978-7-5699-0553-3

Ⅰ . ①北… Ⅱ . ①北… Ⅲ . ①文化产业－国有资产－
监管机制－北京市－ 2014 －年鉴 Ⅳ . ① G124-54

中国版本图书馆 CIP 数据核字 (2015) 第 224993 号

北京市国有文化资产监督管理年鉴 2014

著　　者 | 北京市国有文化资产监督管理办公室

出 版 人 | 杨红卫
项目统筹 | 武　学 余　玲
责任编辑 | 徐敏峰 刘显芳
装帧设计 | 迟　稳
责任印制 | 刘　银

出版发行 | 时代出版传媒股份有限公司 http://www.press-mart.com
北京时代华文书局 http://www.bjsdsj.com.cn
北京市东城区安定门外大街 138 号皇城国际大厦 A 座 8 楼
邮编：100011　电话：010 - 64267955　64267677
印　　刷 | 北京中科印刷有限公司　010-69590320
（如发现印装质量问题，请与印刷厂联系调换）
开　　本 | 880×1230mm　1/16
印　　张 | 14.625
字　　数 | 400 千字
版　　次 | 2016 年 8 月第 1 版　　2016 年 8 月第 1 次印刷
书　　号 | ISBN 978-7-5699-0553-3

定　　价 | 198.00 元